Rhodesian Ridgeback

Luis Silva

Conteúdo

Introdutório	1
O Rhodesian Ridgeback	2
Características específicas da raça	3
VDH e FCI - o que é?	6
A história do Rhodesian Ridgeback	8
A dieta certa	10
BARF	11
Vegetariano ou vegetariano como alternativa	15
Comida pronta	15
Comida caseira cozinhada	17
O que é que não é permitido na tigela?	*20*
O que fazer em caso de envenenamento?	*26*
Cuidados corporais e postura	28
Cuidados com a pele e o casaco	29
Cuidados com os olhos	30
Cuidados com os ouvidos	30
Cuidados dentários	31
Cuidados com as patas	32
Garras cortadas	33
Utensílios de cuidado	35
Doenças	36
Parasitas	36
Ácaros	*36*
Carraças	*38*
Pulgas	*41*
Doenças gastrintestinais	44
Torção gástrica	*44*

Diarreia	*45*
Minhocas	*46*
Cancro	51
Doenças típicas da raça	53
Vacinas	*62*
Castração	66

Treino de cães para o Rhodesian Ridgeback adulto — 68

Formação corporal	69
Formação em Inteligência	70
Formação divertida	71
Formação de clicker	73
Desportos caninos	73
Mantrailing	74
Formação de Obediência	74
Treibball	75
Dogdancing	75
Puxar o desporto de cão	75
Canicross	75
O que deve ser evitado	76

Formação de cachorros — 77

Conhecimentos básicos de formação de cachorros	84
As primeiras semanas	84
Comandos – Sit, Down & Co.	88
Formação em caixas e gaiolas de transporte	94
Socialização	95
Acostumar-se e sair do hábito	96
Formado em casa	*96*

Medo durante as viagens de carro	*98*
Jogo Rough Play	*98*
Destrutividade	*99*
Inquietude	*100*
Formação específica para cachorros	100
Recolha	*102*
Manuseamento de trela	*103*
Calcanhar	*104*
Treino de instinto de caça	105
Peculiaridades de criar um "Ridgie	106

Construir uma relação — 107
Um Rhodesian Ridgeback como um cão de família? — 108
Palavras de encerramento — 110
Fontes — 111

Introdutório

Peles de cor de trigo e olhos âmbar, mais uma invulgar risca dorsal onde as peles crescem de forma errada. Que tipo de cão poderia ser este? Correcto: o Rhodesian Ridgeback.

Este cão invulgar é também chamado de "cão leão". Isto tem um fundo muito especial, sobre o qual aprenderá no decorrer deste guia.

No entanto, este animal pertence apenas a mãos absolutamente experientes, ele não é um cão principiante. Se estiver interessado nesta bela raça, deve ter isto em mente e abster-se de a adquirir se nunca teve um cão antes e, portanto, não tem quaisquer conhecimentos básicos sobre cães. A manutenção, educação e uma dieta saudável desta raça pode ser descrita como muito exigente.

Portanto, este guia destina-se a ajudá-lo a obter uma visão geral sobre se o Rhodesian Ridgeback é adequado para si e para a sua família.

O Rhodesian Ridgeback

S ua extraordinária beleza canina teve origem na África do Sul, mas tem vindo a espalhar-se cada vez mais na América e na Europa ao longo dos anos. O Rhodesian Ridgeback é um cão muito orgulhoso, corajoso, mas no entanto gentil que promete lealdade incondicional ao seu dono, razão pela qual a sua comunidade de fãs está a crescer de forma constante. No entanto, a fim de manter um "Ridgie" de forma adequada à espécie, o futuro dono deve ter alguma experiência com cães, porque esta raça é muito especial e não para principiantes. Este guia é sobre este conhecimento sobre o Rhodesian Ridgeback, para que possa descobrir por si próprio se este cão é o mais indicado para si.

Fotografia 1 Rhodesian Ridgeback dog breed

CARACTERÍSTICAS ESPECÍFICAS DA RAÇA

Esta raça deve o seu nome à linha da enguia que corre no dorso. Dentro desta faixa o casaco é levantado e cresce contra o grão, ou seja, de trás para a frente. Começa directamente atrás dos ombros, torna-se mais estreito em direcção às costas e termina aqui. Porque o pêlo se levanta nesta zona, este cão recebeu o nome de Ridgeback ("ridgeback back"), e devido à sua origem, o actual Zimbabwe, que na altura se chamava Rhodesia, surgiu o nome completo "Rhodesian Ridgeback". Este "cume" no verso é a marca comercial do Rhodesian Ridgeback. De acordo com a descrição da raça, esta faixa não deve ser mais larga do que cinco centímetros.

O físico é muito musculado e orientado para uma boa mobilidade. Isto ainda testemunha a sua actividade original como caçador de leões em África. Um macho atinge uma altura de ombro de cerca de 70 cm, enquanto que as fêmeas podem crescer até 65 cm. Os machos pesam até 36 kg e as fêmeas até 32 kg.

A pelagem curta e lisa é maioritariamente cor de trigo. Varia desde tons claros de branco a tons vermelhos de branco. De acordo com o padrão da raça, só são permitidos pêlos brancos ou pretos no peito ou nos dedos dos pés e apenas numa quantidade muito pequena, ou seja, não tão grande como as manchas. Muitas vezes o focinho e as peles também são de cor escura, mas isto não deve ser demasiado.

O Rhodesian Ridgeback é um revelador tardio. Isto significa que pode levar até três anos para que o cão atinja a idade adulta. Só então atingiu a sua plena maturidade mental e física.

O carácter do Rhodesian Ridgeback é muito versátil, e é por isso que desperta sempre o interesse dos amantes de cães. Ele é muito temperamental e obstinado. A sua esperteza é notável, de que outra forma poderia ter enfrentado leões selvagens em tempos anteriores? Além disso, a sua lealdade ao seu ser humano é insuperável. Quem quer que seja autorizado a chamar seu a este cão e que tenha conseguido dar-lhe a educação certa, encontrou realmente um amigo para toda a vida. O Rhodesian Ridgeback é um cão muito orientado para as pessoas e tem uma natureza equilibrada. Contudo, ele é muito temperamental, o que nem sempre o torna fácil de manusear.

O Rhodesian Ridgeback é muito territorial e defende tudo o que pertence à sua casa com grande auto-confiança. Este comportamento deve ser orientado na direcção certa para poder controlá-lo, mas a sua natureza muito sensível também deve ser tida em conta. Se "Ridgie" for devidamente treinado, ele é um excelente protector da casa, pátio e família. Este cão não conhece a agressividade, ele nunca atacaria sem se sentir ameaçado. Aborda cães e pessoas que não conhece com reserva, mas não é de modo algum tímido, mas sim curioso. Mesmo que pareça o contrário, o Rhodesian Ridgeback mantém tudo debaixo de olho e vela pela sua família. Se o perigo ameaça, ele está imediatamente a seu lado. Estas características são típicas da raça Rhodesian Ridgeback.

Como o Rhodesian Ridgeback encontra a sua origem em África, tem um pêlo relativamente fino. Isto afecta principalmente a barriga. Como o clima na Europa é por vezes bastante rigoroso e frio, o seu "Ridgie" pode rapidamente ficar frio. Providencie sempre um lugar quente na casa para que ele possa aquecer de novo rapidamente, e quando estiver no ar fresco com ele, por favor não o deixe parado no mesmo lugar durante muito tempo, mas certifique-se de que ele faz bastante exercício. Embora o Rhodesian Ridgeback não se encaixe de todo neste estereótipo... mas um pêlo de cão pode ser bastante apropriado (não tem de ser feito de pelúcia cor-de-rosa). No entanto, o seu casaco é muito fácil de cuidar e só precisa de ser escovado de vez em quando, desde que não haja sujidade importante.

A sua utilização como cão de caça na Alemanha teve o seu dia, uma vez que não está licenciado como tal aqui. Mas em muitos outros países do mundo ele ainda é utilizado como um cão de caça muito bem sucedido. No nosso país é apreciado como um bom cão de guarda e também na família, o Rhodesian Ridgeback encontrou o seu lugar.

Esta raça é muito versátil na sua utilização. Pode ser excelentemente treinado como cão guia e também brilha como cão de guarda ou ao serviço da polícia com as suas características típicas. Dentro da família, o Rhodesian Ridgeback está também a tornar-se cada vez mais popular, porque se caracteriza pela sua inteligência e a ânsia de aprender que lhe está associada. Devido à sua vontade de se mover, o "Ridgie" pode correr de forma excelente numa bicicleta ou mesmo ao lado de um cavalo.

Este cão quer "pertencer". Dentro da "sua" família ele é muito afectuoso e extremamente leal. A convivência com crianças também é possível sem problemas, porque mostra muita tolerância para com elas e é muito calmo e afectuoso. No entanto, as crianças geralmente precisam de ser ensinadas a manusear um cão para que o reconheçam com o mesmo amor e não lhe causem acidentalmente qualquer dano.

Se encontrar outros cães em passeios, o Rhodesian Ridgeback revela-se muito compatível. No entanto, ele deve ser bem socializado na idade de cachorro, então não terá problemas com outros amigos de quatro patas e dificilmente se envolverá num confronto. No entanto, se a outra pessoa for "estúpida" para ele, está inclinado a defender-se e não se esquivará a um confronto.

O Rhodesian Ridgeback não tem realmente quaisquer problemas com outros animais que vivem na casa, mas deveria ser confrontado com eles como um cachorrinho. Se praticado precoce e intensivamente, um gatinho, coelho ou cobaia também pode enriquecer o agregado familiar sem ser visto como um animal de presa. Se não quiser socializar o seu cão até ele ser mais velho, terá de observar a reunificação com muito cuidado. O seu africano é e continua a ser um cão de caça e, em caso de dúvida, deve preferir passar sem outro animal de estimação.

Típico para o Rhodesian Ridgeback é a sua ânsia de correr. É preciso planear algum tempo para isso e também ser capaz de o poupar, caso contrário deve abster-se de adquirir este cão leão. Pelo menos três horas por dia o seu "Ridgie" quer estar consigo e explorar as redondezas. Pode deixá-lo correr bem na bicicleta e se for um dos cavaleiros, ele também gosta de correr no cavalo. Mas o chefe também quer trabalhar e deve encorajá-lo aqui. Há muitos desportos caninos que são adequados para um Rhodesian Ridgeback, aqui especialmente "mantrailing". Aprenderá o que isto é num capítulo posterior.

Como já leu, o seu Rhodesian Ridgeback vem de África e foi aqui utilizado para a caça ao leão e também foi criado dessa forma. Tem, portanto, um instinto de caça inato e natural. É claro que ele não deve agir segundo este instinto, indo caçar consigo. Isto também seria proibido na Alemanha. Mas não pode desmamar o seu cão deste instinto de caça se ele aparecer, porque é geneticamente determinado. Contudo, a fim de manter este comportamento sob controlo e pelo menos impedi-lo durante os passeios normais, deve procurar um desporto canino adequado com o seu amigo de quatro patas para que ele possa desabafar. Receberá mais tarde mais informações sobre que desportos são adequados para o seu "Ridgie".

No VDH, o Clube Alemão de Canicultura, o "Ridgie" está listado sob o número padrão 146 e está no grupo 6 do FCI para cães de corrida, cães de caça e raças relacionadas na secção 3 sem teste de trabalho. As tarefas do VDH e do FCI ser-lhe-ão explicadas com mais detalhe no próximo capítulo.

VDH e FCI – o que é?

O Clube Alemão de Canicultura (VDH) representa os interesses dos donos de cães na Alemanha e conta actualmente com mais de 600.000 membros. Tudo o que geralmente diz respeito aos cães encontra aqui um contacto. O VDH tem 180 clubes membros e fá-lo há mais de 100 anos.

As várias associações de criadores pertencentes à VDH listam aqui mais de 250 raças de cães. Estes devem cumprir as normas de raça correspondentes para serem admitidos para reprodução. Assim, é dada grande importância à saúde dos cães reprodutores e também ao bem-estar animal.

Não se pode aparecer como membro da VDH como indivíduo. Deve poder mostrar a sua filiação numa associação desportiva canina ou num clube de criação de cães que pertença à VDH.

Para a Alemanha, a VDH está representada na Federação Mundial de Cinologia, a Fédération Cynologique Internationale (FCI). No FCI, 99 países estão registados como membros, sendo que cada país só pode fornecer uma associação.

O FCI reconhece um total de 352 raças diferentes de cães. Isto significa o reconhecimento mútuo dos pedigrees e dos juízes utilizados. A cada uma destas raças é dado um padrão de raça, que prescreve qual deve ser o aspecto e comportamento de uma raça. Apenas os cães de raça pura que cumprem estas normas estão listados no FCI. A associação membro em que a raça tem origem é responsável pela manutenção do padrão correspondente. O VDH, membro da FCI, é responsável por 32 raças de cães.

Todas estas raças reconhecidas internacionalmente estão divididas em grupos (o seu "Ridgie" está no grupo 6). Estes seriam:

- **Grupo 1**: Cães de pastoreio e de condução, cães de montanha suíços e cães de gado excluídos.
- **Grupo 2**: Pinscher e Schnauzer - Molosser - Cães de Montanha e Gado suíços
- **Grupo 3**: Terrier
- **Grupo 4**: Teckel
- **Grupo 5**: Spitz e cães do tipo primitivo
- **Grupo 6**: Cães de corrida, cães de caça e raças afins
- **Grupo 7**: Cães apontadores
- **Grupo 8**: Cães de recuperação - Cães de recuperação - Cães d'água
- **Grupo 9**: Cães de companhia e sociais
- **Grupo 10**: Greyhounds

Assim, se estiver a planear actividades como um desporto canino oficial ou a fazer vários exames, a adesão a um clube canino apropriado pertencente à VDH e, portanto, à FCI pode ser útil. Além disso, se estiver a considerar descendentes com o seu Rhodesian Ridgeback, deverá pertencer a uma associação de criação, a fim de fornecer aos cachorros pedigrees e pedigrees apropriados. Isto garantirá a saúde dos pais e dos cachorros.

A HISTÓRIA DO RHODESIAN RIDGEBACK

A história deste cão extraordinário começa em 1879 no que é hoje o Zimbabué. Durante os tempos coloniais, este país foi chamado Rodésia do Sul, depois do fundador desta colónia. O seu nome era Cecil Rhodes e dirigia aqui uma empresa mineira.

No então país da Rodésia do Sul, vivia também um povo chamado "Khoi Khoi". Também mantiveram os cães para manter os animais selvagens de África longe do seu gado. Os marinheiros portugueses relataram sobre estes animais invulgares. A coisa especial sobre estes "cães Hottentot", como eram chamados na altura, era a marca notória da enguia. Dizia-se na altura que o pêlo nas costas destes cães crescia para trás e que, por isso, pareciam chacais. Além disso, foi dito que demonstravam a máxima lealdade ao seu proprietário e possuíam uma coragem irreprimível para enfrentarem os leões nativos.

Agora estes mesmos leões também se tornaram um problema considerável para os colonos ingleses, pois atacaram repetidamente o gado e assim levaram a sua comida. Estes colonialistas já tinham cães com eles que eram o resultado do cruzamento com os "cães Hottentot" e já possuíam esta notória crista dorsal.

No entanto, estes cães não deveriam caçar um leão, mas sim mantê-lo ocupado até as pessoas o poderem matar com as suas armas de fogo, que ainda não estavam completamente desenvolvidas nessa altura. No entanto, as perdas entre os cães foram grandes, porque nem todos os animais podiam resistir ao ataque de um leão e perder a sua vida no processo. Aqui, apenas os animais mais rápidos e inteligentes tiveram a oportunidade de fazer frente aos leões.

Isto, contudo, deixou claro, mesmo assim, qual destes cães prevaleceria para a reprodução posterior: nomeadamente, apenas os animais mais fortes, mais rápidos e mais inteligentes.

Agora entra em jogo o grande caçador de caça Cornelius van Rooyen. Ele estava muito interessado nestes cães extraordinários, portadores de cumeeira e pediu dois animais emprestados a um missionário. Supostamente chamavam-se "Pó" e "Lorna" e eram utilizados como cães de caça e de guarda. É claro que, em breve, houve descendência a caminho. Mas a palavra das qualidades de "Pó" e "Lorna" depressa se espalhou e outros caçadores e agricultores mostraram grande interesse nos cães jovens.

Foi assim que a primeira criação do Rhodesian Ridgeback tinha começado. Nessa altura, esta raça chamava-se "Lion-Dog" e com o tempo recebeu o nome de "Pronkrugs", que significa "showy back". Foi apenas em 1926 que o nome "Rhodesian Ridgeback" foi introduzido.

A tarefa dos cães era encontrar o leão numa pequena matilha e mantê-lo à distância até que o caçador pudesse disparar um tiro bem apontado. Para tal, tiveram de se comportar com muita cautela, mas também mostrar coragem e ser rápidos e ágeis. Apenas os melhores sobreviveram e continuaram a ser utilizados para a reprodução.

Este comportamento cauteloso, que era essencial para a sobrevivência quando se caçava leões, foi preservado no Rhodesian Ridgeback até aos dias de hoje.

Em 1922, foi fundado o primeiro clube de criação na Rodésia do Sul, o que na altura reflectia o modelo de criação da Dalmácia. Este clube foi reconhecido no panorama internacional da criação de cães em 1926. Agora, a raça Rhodesian Ridgeback conseguiu espalhar-se primeiro na África do Sul e Oriental e depois mais tarde na América e Europa, à medida que os viajantes que regressavam de África traziam de volta espécimes desta raça uma e outra vez, nas décadas de 1940 e 1950.

Mas no novo ambiente, o Rhodesian Ridgeback teve dificuldades, porque o que fazer com um cão caçador de leões aqui? Foi então utilizado como cão de caça em toda a Europa, excepto na Alemanha, porque aqui não é permitido como cão de caça.

No entanto, o Rhodesian Ridgeback provou ser um cão de família. Especialmente pessoas e famílias muito activas são adequadas para manter este cão, porque ele tem uma enorme vontade de se mover e destaca-se como um bom protector e amigo do seu povo.

Contudo, o Rhodesian Ridgeback não é um cão principiante e só pertence em mãos muito experientes. Mesmo como um cão da moda, este belo animal não deve ser adquirido apenas porque se adapta ao novo carro. Muito rapidamente, o cão orgulhoso torna-se uma alma atrofiada. O Rhodesian Ridgeback caracteriza-se acima de tudo pelo seu próprio passado amante da natureza, que é emparelhado com a força e auto-confiança para enfrentar um leão, mas ao mesmo tempo parece semelhante a uma mimosa para escapar ao leão.

A DIETA CERTA

Como o Rhodesian Ridgeback é um grande cão de caça e por isso tem uma grande vontade de se mover, a sua dieta deve ser adaptada em conformidade. É essencial ter isto em conta quando o cão ainda é um cachorro. Se o fornecimento de energia for demasiado elevado, o cachorrinho crescerá demasiado depressa. Isto pode levar a displasia da anca e outras doenças. Os alimentos devem portanto ser adaptados individualmente às necessidades energéticas do cão pequeno. Além disso, deve naturalmente conter oligoelementos, vitaminas e minerais equilibrados. O cálcio e o fósforo são especialmente importantes. É melhor dividir a ração total diária em várias refeições e lembrar sempre de fornecer água fresca. É melhor pedir conselhos ao seu veterinário. Podem dar-lhe recomendações para alimentos adequados para cachorros.

Por favor, abstenha-se de alimentar o seu cão bebé com uma dieta vegetariana ou vegana. O BARF também está fora de questão aqui. Dificilmente é possível dosear todos os minerais necessários para o cachorro de forma tão precisa que este possa crescer sem sintomas de deficiência.

Na idade adulta, um cão activo como o Rhodesian Ridgeback precisa de mais hidratos de carbono para assegurar a ingestão de energia necessária. Preste também atenção ao teor de gordura dos alimentos. Se for demasiado alto, o cão tornar-se-á rapidamente obeso. É claro que a quantidade diária de alimentos é também importante. Se o seu cão consegue viver a sua grande vontade de se mexer, uma ração maior deve, evidentemente, ser oferecida do que para um cão que se mexe muito pouco. Se treinar o seu "Ridgie" com recompensas sob a forma de guloseimas, deve deduzi-las da quantidade de comida, pois caso contrário o excesso de peso pode ocorrer rapidamente.

Se prefere comida seca ou húmida depende do gosto do seu cão. Alguns preferem comida suculenta de uma lata, enquanto outros juram por comida seca. Se o seu cão gostar de ambos, pode combiná-los.

Qual a variedade que vai para a tigela do seu animal de estimação depende também do seu gosto. Poderá ter de experimentar um ou outro alimento. No entanto, não o faça abruptamente, mas sempre com cuidado em pequenos passos. Se se tiver decidido por uma comida adulta depois da comida do cachorro, misture gradualmente a nova comida com a comida antiga durante um período de cerca de duas semanas. Aumente a quantidade diariamente até a ter substituído completamente. Se notar que o seu cão não gosta deste alimento ou que não concorda com ele, proceda da mesma forma com uma nova variedade. Caso contrário, os problemas digestivos podem ocorrer rapidamente.

A dada altura, o seu "Ridgie" tornar-se-á um reformado. Então as necessidades nutricionais mudarão novamente e terá de ajustar novamente a sua alimentação. O seu cão deixará de ser tão activo e deitar-se-á silenciosamente no seu lugar com mais frequência. Ele já não gosta muito de correr e está feliz por ter o seu descanso. Neste caso, o consumo de energia deve ser significativamente reduzido para que não se desenvolva nenhum excesso de peso, o que apenas lhe colocaria uma tensão adicional. O seu sentido de paladar e olfacto também diminuirá, pelo que deve optar por um alimento mais forte no paladar e mais intenso no olfacto, para que não perca o apetite.

O seu veterinário poderá dar-lhe conselhos e apoio em todos os aspectos da nutrição. Não tenha medo de lhe pedir sugestões e dicas.

Quando o seu Rhodesian Ridgeback tiver atingido a idade adulta, pode pensar numa dieta alternativa, se assim o desejar. Mas mais uma vez, por favor note que deve sempre fornecer todos os ingredientes para manter o seu cão saudável. Descubra mais sobre as dietas vegetariana e vegana para um cão durante as próximas linhas.

BARF

O vómito tornou-se muito popular. Muitos donos de cães estão convencidos de que esta é a forma mais natural de alimentar um cão. BARF significa "alimento cru biologicamente adequado às espécies". Outros donos querem simplesmente saber o que acaba na tigela do cão sem terem de se preocupar com quaisquer ingredientes. Outros ainda têm um cão com uma alergia alimentar.

Neste caso, a refeição pode ser adaptada individualmente a esta doença, a fim de evitar os próprios alimentos que desencadeiam uma alergia.

O cão é descendente do lobo e é dele que deriva o vómito. Um lobo na caça selvagem e mata caça. Come, por assim dizer, com pele e cabelo e tudo o que está no seu interior. Os órgãos tais como o coração, fígado, rins e estômago, incluindo o seu conteúdo, também são comidos. Esta "dieta mista" equilibrada fornece ao lobo todas as vitaminas, minerais e oligoelementos necessários.

Esta dieta deve agora ser transferida para o cão. No entanto, é de notar que a digestão de um cão adaptou-se entretanto ao seu modo de vida no decurso da sua evolução e da domesticação pelos humanos. Portanto, uma comparação directa com o lobo já não é necessariamente possível.

Voltar ao vómito: Quer apresentar o seu amigo de quatro patas a esta forma de comer. Mas certamente não o vai mandar para a floresta para caçar um veado. Não... Irá a um supermercado ou loja de rações para comprar os ingredientes apropriados.

Uma refeição de Vómito consiste principalmente em carne crua. Mas tenha cuidado: Nunca utilize carne de porco crua. Aprenderá a razão disto no capítulo seguinte "O que não deve estar na tigela? Utilizar principalmente carne muscular de vaca, vitela, cavalo, aves de capoeira ou borrego. As entranhas e ossos não devem estar ausentes. É também utilizada uma certa quantidade de alimentos vegetais. Tal ração é suplementada apenas com os aditivos mais importantes para fornecer os minerais e vitaminas em falta.

A dificuldade reside em trazer todos estes ingredientes para um equilíbrio que seja adequado para o cão. É preciso lembrar que cada cão tem necessidades diferentes e muito individuais. Em cada refeição BARF, os ingredientes devem ser pesados exactamente para que os ingredientes, vitaminas e todos os minerais necessários estejam presentes em quantidades suficientes. Esta é a única forma de prevenir possíveis sintomas de deficiência. Estes são rapidamente pré-programados se não se cingir a um plano de dieta prescrito pelo veterinário.

Até 80 % dos alimentos à base de carne compõem uma refeição de Barf. Isto não significa apenas carne muscular, mas também rúmen, miudezas, estômago de folha, cartilagem, ossos com aparas de carne e peixe. A carne fornece proteínas (aminoácidos), minerais e gorduras.

A porção de miudezas de uma refeição é servida com estômago, coração, rim, fígado e pulmões. Isto fornece minerais e vitaminas importantes. O fígado, contudo, só deve ser alimentado em pequenas quantidades, pois de outra forma pode haver um fornecimento excessivo de vitamina A, o que pode levar a problemas de saúde.

O fornecimento de cálcio e de certos minerais, bem como de oligoelementos, é assegurado pelos ossos. Também servem, em certa medida, para os cuidados dentários. É melhor utilizar ossos de bovinos ou cordeiros. Também pode oferecer chifres, pescoços de galinha, tendões e até membros completos com pêlo como artigos para mastigar. É certo que isto pode ser um pouco invulgar. Tem de estar disposto a fazer isto com a sua própria convicção e depois aceitar que uma perna com pêlo de outro animal está no local de alimentação do seu cão. Nem todas as pessoas gostam disto.

Cerca de 30% da ração do vómito consiste em alimentos vegetais. A fruta e os vegetais são importantes para fornecer ao seu cão fibras, vitaminas, minerais e hidratos de carbono. Os legumes oferecidos devem ser sempre em puré para que o seu amigo de quatro patas os possa digerir melhor. Espinafres, funcho, aboborinhas, pepinos, abóbora, aipo, acelga e raízes são todas boas escolhas. Todos os tipos de batatas devem ser sempre cozinhadas. A fruta em oferta pode estar demasiado madura. Deve remover quaisquer sementes e depois fazer também o puré dos frutos. Pode alimentar peras, maçãs, bananas, damascos e mangas. A proporção de fruta não deve exceder a proporção de vegetais. Descobrirá o que não é permitido na tigela num capítulo posterior.

Cada ração de vómito deve ser preparada com certos óleos para que o seu amigo de quatro patas possa absorver as vitaminas lipossolúveis e os ácidos gordos essenciais continuam a ser fornecidos. Também se podem combinar óleos diferentes uns com os outros. Óleo de salmão, óleo de açafroa, óleo de coco, óleo de cânhamo ou óleo de linhaça seria possível aqui. Todos estes tipos deveriam, idealmente, ser comprimidos a frio.

Várias ervas também podem ser usadas. Não são absolutamente necessárias, mas fazem uma excelente adição. Pode adicionar pequenas quantidades de urtigas, salsa ou agrião à tigela da Fiffi.

Os cães gostam muito de produtos lácteos, mesmo que na realidade não sejam muito bem tolerados, porque todos os cães são intolerantes à lactose e não conseguem digerir a lactose que contêm. Contudo, pode adicionar pequenas quantidades de queijo cottage, quark ou iogurte natural à refeição do seu amigo de quatro patas.

Os ovos também fazem parte da dieta do vómito de vez em quando. No entanto, estes só devem ser ser servidos cozinhados. Também é bem-vindo para oferecer a concha, mas por favor moa-a muito finamente antes de comer para evitar lesões no estômago ou nos intestinos.

Como já foi mencionado, mesmo uma refeição de vómito não pode passar sem aditivos. Algumas misturas de vitaminas e minerais são aqui utilizadas, as quais o seu veterinário lhe explicará e informará.

A quantidade correspondente de alimentos só pode ser dada como regra geral. Um cão adulto de boa saúde obtém cerca de 3% do seu peso corporal em comida por dia. Portanto, se o seu Rhodesian Ridgeback pesa 35 kg, deve receber 1,05 kg de comida fresca por dia. Contudo, o nível de actividade e o actual estado nutricional e de saúde devem também ser tidos em conta. Outros factores são também importantes no cálculo da quantidade correcta de alimentos.

Tudo isto parece muito complicado, mas na realidade não é. O mais importante é que se lide suficientemente com este tópico. Por favor, consulte também um veterinário ou um nutricionista de cães para ter um plano de alimentação elaborado para o seu amigo de quatro patas. Como leigo, pode cometer aqui muitos erros e depois prejudicar o seu cão em vez de lhe fazer qualquer bem. Além disso, deve levar regularmente o seu cão ao veterinário para que os sintomas de deficiência possam ser reconhecidos a tempo e a comida possa ser ajustada em conformidade. Além disso, o plano nutricional em si deve ser verificado uma e outra vez e, se necessário, complementado.

O vómito pode ter muitas vantagens, mas também tem tantas desvantagens que é preciso estar ciente. Em comparação com os alimentos prontos, é necessário um esforço consideravelmente maior na preparação. É preciso planear muito tempo para isso. Além disso, os sintomas de deficiência podem ocorrer rapidamente se as rações não forem compostas com precisão. Não alimentar demasiados ossos, caso contrário as fezes ósseas desenvolver-se-ão, o que é doloroso para o cão. Deve ser observada uma higiene muito boa ao processar carne crua, caso contrário, germes e doenças podem propagar-se. Não deve armazenar a carne destinada ao seu cão com a sua própria comida e apenas descongelar a quantidade apropriada necessária. Um cão vomitado pode ser um portador potencial de germes. Por conseguinte, as pessoas grávidas e idosas, assim como as crianças, não devem estar em permanente proximidade com este cão. Também não deve ser utilizado como cão de terapia. O vómito só é, portanto, realmente recomendado com muito boa preparação.

Vegetariano ou vegetariano como alternativa

Sabe certamente que um cão é um carnívoro. Entretanto, no entanto, graças à evolução e domesticação, tornou-se um omnívoro. Pode até alimentar o seu amigo de quatro patas com uma dieta vegana ou vegetariana. Os aminoácidos que são importantes para o corpo do cão são obtidos a partir da porção de carne do alimento. No entanto, estes aminoácidos também podem provir de alimentos veganos ou vegetarianos. O importante é que o alimento contenha todas as vitaminas, minerais e outros nutrientes de que o seu cão necessita para viver uma vida saudável. De onde estes acabam por vir é completamente irrelevante.

Nas lojas estão disponíveis ementas prontas numa base vegana ou vegetariana. No entanto, de acordo com alguns testes, estes não são necessariamente recomendáveis. A propósito, isto também se aplica a menus de barbear já prontos. No entanto, tem a possibilidade de compor e preparar refeições para o seu cão. No entanto, por favor consulte previamente o seu veterinário ou um nutricionista de cães e peça-lhes que elaborem um plano alimentar adaptado às necessidades individuais do seu cão. Se não se souber exactamente quantos ingredientes estão contidos em que alimentos, podem ocorrer rapidamente sintomas de deficiência.

Comida pronta

Qualquer comida pronta comercialmente disponível, quer seja seca ou húmida, pode ser dada ao seu cão sem hesitação. Na Alemanha, existe um controlo muito rigoroso da produção de alimentos para animais de companhia. Só podem ser utilizados ingredientes e ingredientes que não prejudiquem um animal mas o mantenham saudável. Além disso, se ler sobre resíduos de matadouros contidos nos alimentos, isto não é de forma alguma prejudicial para a saúde do seu cão, pois é sempre carne que seria também adequada para consumo humano. São apenas produtos que já não são utilizados na cozinha, mas que outrora eram comuns na dieta. Portanto, se não quiser ou não puder preparar você mesmo as refeições do seu cão, não tenha medo de usar comida pronta das lojas.

A maioria dos cães tolera bastante bem a comida seca, uma vez que normalmente absorvem água suficiente. No entanto, a proporção de hidratos de carbono é bastante elevada. Por razões de produção, 30% dos alimentos são constituídos por amido. Os cães também digerem carbohidratos. É, portanto, uma grande fonte de energia. Há o perigo de os cães que recebem muita comida seca se tornarem gordos sem nunca estarem cheios.

Uma vez que a comida não cheira mal, mesmo que fique na tigela durante dias, muitos donos de cães tendem a deixar comida seca na tigela o tempo todo. Assim que está vazia, enchem-na. Infelizmente, muitos cães comem até não restar nada no seu estômago, um legado do lobo. O lobo teve de agir desta forma porque não sabia quando iria atacar outra presa. Por isso, não é aconselhável dar a um cão acesso constante a alimentos.

A aparência carnosa é enganosa. Os alimentos secos não são carne seca, mas uma pastelaria que é normalmente produzida por extrusão. Uma máquina prensa uma massa num molde usando alta pressão e vapor. O calor decompõe os hidratos de carbono, tornando-os mais fáceis de digerir. O resultado são croquetes que provavelmente nenhum cão tocaria. Apenas uma camada de gordura, vitaminas e proteínas os torna interessantes para a maioria dos cães.

<u>Composição das forragens secas (exemplo)</u>

	Forragem barata	**Alimentação especial**
Composição	Cereais Carne e subprodutos animais Subprodutos vegetais	Arroz Galinha seca Greaves

	Óleos e gorduras Legumes Minerais	Cenouras Gordura de frango Ovo inteiro Óleo de colza Inulina Óleo de linhaça Levedura
Proteína	19 %	24,6 %
Gordura	7,5 %	14 %
Cinzas brutas	7,5 %	5,6 %
Fibra bruta	3 %	1,3 %

A ração de alta qualidade contém significativamente mais proteínas e gordura. Além disso, sabe que grão e que carne está nele. Os subprodutos animais e vegetais não estão presentes nos alimentos especiais.

Portanto, se quiser alimentar alimentos secos, siga exactamente a dosagem e escolha um produto de alta qualidade.

Comida cozinhada em casa

Tudo o que o seu cão está realmente autorizado a comer, é claro que pode cozinhar e preparar-se. Certifique-se de que não condimenta demasiado as refeições para o seu amigo de quatro patas, de preferência de forma alguma. Certas especiarias são prejudiciais à saúde do seu cão e aqui também se aplica o seguinte: informe-se bem sobre os ingredientes de cada alimento para que a sua querida não sofra de desnutrição. O seu veterinário poderá dar-lhe conselhos e apoio.

Que alimentos são os melhores?

Para além dos alimentos secos já apresentados, existem também outros tipos de alimentação. Tal como com a esterilização, também aqui as opiniões divergem. É melhor verificar o que o cachorro já foi alimentado no criador.

Basicamente, faz-se a distinção entre dois tipos de alimentação, nomeadamente alimentos pré-preparados e o fornecimento de carne fresca (BARF). A comida pronta está disponível como comida húmida e seca.

Ambas as variantes têm vantagens e desvantagens.

Vantagens alimentos secos

- ✓ A quantidade uma vez determinada e considerada boa permanecerá constante desde que mantenha a rotina do seu cão, tal como a intensidade do exercício.
- ✓ É descomplicado: Comprar, alimentar, feito. A adição de vitaminas e outros suplementos alimentares não é normalmente necessária.
- ✓ O transporte e o armazenamento são muito fáceis, mesmo em férias.
- ✓ Também se pode dar a ração alimentar em viagem ou durante o desporto, quando é suposto o cão trabalhar a sua comida.
- ✓ Tem um longo prazo de validade.
- ✓ Os cães com estômagos sensíveis são protegidos pelas porções mais pequenas mas ricas em nutrientes.

Desvantagens alimentos secos

- ✗ A composição da carne e dos recheios, tais como cereais, é diferente para cada variedade.
- ✗ A composição não pode ser verificada por si mesma.
- ✗ É difícil para si reagir ao estado de saúde individual do seu cão, por exemplo, se ele tiver diarreia.
- ✗ Muitas variedades não são apenas de grão, mas também contêm açúcar, sabores artificiais e intensificadores de sabor.
- ✗ A necessidade de líquidos é maior, pelo que os cães que bebem pouco precisam de ser encorajados a fazê-lo.
- ✗ Os alimentos secos podem inchar no estômago e, portanto, em circunstâncias desfavoráveis, levar à gastrite, à qual todos os cães grandes têm uma tendência maior do que os mais pequenos.

Vantagens dos alimentos húmidos

- ✓ Sabe bem a quase todos os cães.
- ✓ A comida húmida é quase sempre a opção mais barata.
- ✓ É fácil de comprar e fácil de armazenar.
- ✓ A comida húmida tem uma vida útil de meia eternidade.
- ✓ O teor de humidade é elevado.
- ✓ Os cães com dentes sensíveis podem mastigar bem a comida molhada.
- ✓ Pode ser utilizado como um alimento completo, ou seja, não é necessário acrescentar mais nada, como vitaminas, oligoelementos, etc.

Desvantagens da comida húmida

- ✗ A composição não pode ser controlada.
- ✗ Os intensificadores de sabor e aromatizantes artificiais são cada vez mais encontrados nos alimentos húmidos.
- ✗ O teor de carne varia em função da variedade.
- ✗ Muitos cães recusam outros tipos de alimentos depois de estarem habituados a um só tipo.
- ✗ Se o seu cão for alérgico, por exemplo, a composição do alimento não pode ser ajustada individualmente.

Vantagens BARF

- ✓ A comida é fresca.
- ✓ A maioria dos cães gosta de carne fresca.
- ✓ Tem controlo total sobre o que o seu cão come e pode ajustar-se individualmente, por exemplo em caso de gravidez e muitas doenças.
- ✓ As vómitos não utilizam quaisquer agentes de enchimento, conservantes ou sabores artificiais.
- ✓ Há muito mais variedade no horário de alimentação.

Desvantagens BARF

- ✗ O vómito requer informação e conhecimentos que tem de adquirir. Ler ou ir à loja de vomitar da sua escolha é uma obrigação!
- ✗ Este método de alimentação é demorado à medida que se ralam ou cozinham legumes frescos e cada refeição é preparada em conjunto.
- ✗ O custo é mais elevado do que a média da comida seca ou húmida, mesmo significativamente se se comprar comida pronta barata.

× Se armazenados incorrectamente, quaisquer germes que possam estar presentes podem propagar-se.

Independentemente do método que escolher, certifique-se de que tem um elevado teor de carne e observe atentamente a sua composição. Além disso, ao ler relatórios de testes, preste atenção ao que foi testado. Se se verificar apenas se a composição declarada na embalagem corresponde à verdade, a nota "muito boa" ainda nada diz sobre a qualidade da comida para cão.

O que é que não é permitido na tigela?

Há muitos alimentos que guarda na sua cozinha e come como é óbvio, mas que podem ser absolutamente perigosos ou mesmo mortais para o seu cão. Leia o resto deste guia para descobrir o que o seu cão nunca deve comer a fim de evitar envenenamento.

Cebolas e alho, alho bravo e cebolinho

Não importa se a cebola e o alho são crus, cozidos, assados, secos ou picados. São puro veneno para o seu cão. Estas plantas de allium contêm óleos essenciais que contêm substâncias sulfurosas. Estes destroem os glóbulos vermelhos e a anemia (anemia) pode desenvolver-se, o que pode ser fatal se não for detectado.

Tal envenenamento é reconhecível quando há sangue na urina e diarreia. A icterícia pode desenvolver-se ou as membranas mucosas podem ganhar uma cor pálida como resultado da anemia. Além disso, podem ocorrer vómitos e o cão recusará comida e água. O veterinário determinará as alterações no hemograma e tratará o cão em conformidade.

Batatas, beringelas e tomates

As batatas só devem ser servidas cozinhadas ao seu cão. Acima de tudo, é preciso cortar generosamente as partes verdes, mas é melhor não usar tal batata em primeiro lugar. Isto também se aplica à brotação de batatas. Por favor, também não continue a utilizar a água de cozedura, porque é aqui que as toxinas se acumulam.

Tomates verdes e não maduros, bem como beringelas cruas são igualmente perigosos para o seu amigo de quatro patas. Todos os três vegetais contêm a substância venenosa "solanina". Os tomates vermelhos muito maduros e profundos que não têm manchas verdes podem ser comidos crus pelo seu cão.

O envenenamento por solanina manifesta-se em diarreia com vómitos, irritação das membranas mucosas e deficiência do cérebro com os consequentes défices neurológicos.

Pulsos brutos

Leguminosas, tais como feijões e ervilhas, só podem ser oferecidas cozinhadas. Se forem cruas, contêm a toxina "phasin", que, a propósito, também não é inofensiva para os humanos. Esta toxina causa uma inibição da biossíntese proteica no intestino delgado e, como resultado, os glóbulos vermelhos agrupam-se. Se uma grande quantidade de pulsos crus for consumida, isto pode ser fatal para o seu cão.

Pode-se reconhecer o envenenamento com "phasin" pela ocorrência de diarreia e vómitos. A febre também pode ocorrer e pode haver cãibras no abdómen. Em casos extremos, ocorre uma hemorragia gastrointestinal e o fígado incha.

Covas de fruta

A maioria das covas de fruta contém ácido prússico, pelo que não devem ser comidas pelo seu cão. Além disso, há um risco de asfixia se a pedra for engolida inteira.

O cianeto de hidrogénio pode causar sintomas graves de envenenamento. O vómito e a diarreia são as consequências. Além disso, pode haver falta de ar e febre, bem como aumento da salivação. As cãibras também são possíveis.

Abacate

O fruto inteiro com folhas, casca e sementes contém a toxina "persina".

Embora a carne seja menos afectada, ainda podem surgir problemas significativos com a saúde do cão.

A diarreia e o vómito podem ocorrer porque a fruta é muito rica em gordura. A toxina "persina" causa danos no músculo cardíaco, que podem levar à morte. Além disso, pode ocorrer tosse inexplicável com falta de ar e perturbações digestivas. Pode também ocorrer inquietação geral ou fraqueza.

Sultanas e uvas

Deve ter especial cuidado com as sultanas e as uvas. Podem levar à morte do seu cão, mesmo em pequenas quantidades. Não foi provado exactamente que quantidades são letais, mas presume-se que cerca de 11,5 g de uvas por quilograma de peso corporal matará um cão. Para as sultanas, estima-se que seja de 3 g por quilograma de peso corporal.

Os primeiros sintomas são vómitos seguidos de dor abdominal. O cão deixa de comer e, após apenas um dia, pode ocorrer uma insuficiência renal e uma perturbação do equilíbrio de cálcio e fosfato, o que, em casos extremos, pode levar à morte.

Chocolate e cacau

Todos os alimentos feitos de chocolate e cacau são um absoluto não-não para o seu cão. O chocolate especial para cães está, naturalmente, excluído aqui.

O cacau, que por sua vez está mais ou menos contido no chocolate, contém a substância tóxica "teobromina". Uma quantidade de 90 mg por quilograma de peso corporal de cão já pode levar à morte. Também deve abster-se de dar chocolate se quiser dar apenas como um pequeno presente de vez em quando. "A teobromina leva muito tempo a ser decomposta pelo corpo.

Se o seu cão ingeriu chocolate, pode sentir febre, náuseas e cólicas. O seu cão mostrará um comportamento inquieto.

Carne de porco crua

A carne de porco crua, incluindo a de javali, pode conter o "vírus Aujeszky". Não é perigoso para os humanos, mas é para os cães.

Os sintomas semelhantes aos da raiva são descritos. Se estes ocorrem, a doença termina sempre em morte, porque ainda não há cura.

Portanto, a carne de porco deve ser sempre cozinhada para matar qualquer vírus que possa estar presente. No entanto, não precisa de se preocupar com mordidelas secas para cães. Pode dar orelhas ou narizes de porco secos ao seu amigo de quatro patas.

Nozes e nozes de macadâmia

Um fungo poderia ter criado raízes em nozes despercebidas por si, o que poderia ter consequências nocivas para a saúde do seu cão.

As nozes de macadâmia contêm a substância "amígdalina". Isto impede a respiração celular e o seu cão poderia sufocar internamente.

Álcool

O álcool em qualquer forma, isto também se aplica à cerveja de malte, é um tabu absoluto para os cães.

Dependendo de quanto o seu amigo de quatro patas ingeriu, podem ocorrer vómitos e consideráveis problemas de coordenação. Além disso, o fígado pode ser consideravelmente afectado e a sua função pode ser perturbada. Nós, humanos, também estamos conscientes desta condição quando tivemos "demasiado para beber".

No caso de envenenamento por álcool, que pode acontecer muito rapidamente, são possíveis problemas respiratórios e um estado comatoso, o que pode, em última análise, levar à morte.

Edulcorantes (Xilitol)

O edulcorante "xilitol", que também deve conhecer sob o nome "açúcar de bétula", é extremamente inadequado para cães. Os alimentos que contêm este adoçante (também conhecido como "xilitol" ou "E 967") não devem ser fornecidos ao seu cão. Estes encontram-se principalmente em alimentos que contêm menos açúcar.

Sintomas tais como cansaço, fadiga e uma fraqueza geral do cão ocorrem quando os adoçantes são ingeridos. Além disso, são possíveis danos irreparáveis do cérebro e do fígado, que podem terminar com o colapso circulatório.

Sal

Com as dietas vegana e vegetariana, não é invulgar temperar a comida do seu amigo de quatro patas com um pouco de sal. Isto também é bom, desde que não se exagere.

Uma quantidade de 0,5 g de sal por quilograma de peso corporal pode levar à morte do cão.

O sal é responsável por uma maior acumulação de fluidos no corpo. O sal ingerido aumenta a sede e o cão beberá mais água, fazendo com que se acumule ainda mais líquido no corpo. Se o seu amigo de quatro patas já sofre de problemas cardíacos, a água já não pode ser excretada. A isto segue-se um aumento da pressão arterial e danos nos rins.

Café, cola, bebidas energéticas e chá

O corpo do seu cão não pode processar cafeína. Por conseguinte, todos os alimentos que contêm cafeína são absolutamente inadequados.

O chá verde e o chá preto contêm teein. Isto tem um efeito semelhante ao da cafeína. Por conseguinte, estes chás não devem ser dados ao cão. Não há perigo com chás de ervas. Pelo contrário, estas podem mesmo ter um efeito calmante em algumas doenças.

Se o seu quádruplo comeu alimentos contendo cafeína, ele pode mostrar um comportamento inquieto. Além disso, são possíveis vómitos e diarreia, podendo ocorrer tremores gerais de todo o corpo com convulsões subsequentes.

O consumo de cafeína aumenta a pressão sanguínea e a frequência de pulso. Ao mesmo tempo, porém, os vasos sanguíneos estreitam-se. Isto pode resultar em arritmia cardíaca, que pode terminar numa condição de risco de vida.

Bones

Neste caso, devem ser abordados principalmente os ossos de aves de capoeira. Estes não são, evidentemente, venenosos, mas têm a propriedade de se fragmentarem fortemente e causarem lesões consideráveis. Isto já pode acontecer nos órgãos superiores dos alimentos, mas também no tracto gastrointestinal.

No entanto, não há nada de errado em mordiscar ocasionalmente um belo osso de vaca, mas o seu cão não deve fazer isto sem supervisão, uma vez que também há aqui um risco de ferimentos à espreita.

Leite e nata

Os produtos lácteos em geral contêm lactose. No entanto, todos os cães são naturalmente intolerantes à lactose. Só os cachorros podem processar este açúcar de leite. Portanto, o leite não deve estar no menu do seu cão.

No entanto, dentro da dieta vegetariana e também no vómito, os produtos lácteos são alimentados de modo a fornecer proteínas animais. O requeijão, queijo cottage e iogurte são portanto permitidos em quantidades apropriadas.

No entanto, isto ser-lhe-á explicado de uma forma compreensível no capítulo "Nutrição".

Nicotina

Certamente não dará conscientemente nicotina ao seu animal de estimação, mas pode acontecer que o seu amigo de quatro patas se deixe levar por um cinzeiro cheio. Os cachorros, em particular, são muito curiosos e exploram tudo o que não sabem.

Por exemplo, um cigarro contém cerca de uma grama de nicotina e cerca de 5 a 25 gramas de tabaco seco já pode ser fatal para o cão se este comer esta quantidade. Mesmo beber de uma poça com resíduos de tabaco pode causar envenenamento considerável.

Sinais de envenenamento por nicotina são vómitos, aumento da respiração com um aumento simultâneo do ritmo cardíaco, convulsões, agitação acentuada, aumento da salivação, tremores musculares, distúrbios de movimento ou colapso circulatório.

Se suspeitar mesmo que o seu cão possa ter ingerido tabaco, consulte imediatamente um veterinário para que o pior possa ser evitado.

No entanto, tal como nós, humanos, o fumo do cigarro não é saudável para os cães. Pode levar à asma, cancro ou bronquite, mesmo depois de muitos anos.

Fígado

O fígado em pequenas quantidades não é perigoso para o seu amigo de quatro patas. Pelo contrário, o fígado contém vitamina A, que o corpo do cão necessita.

No entanto, se demasiado óleo de fígado ou mesmo de bacalhau for dado ao cão, pode rapidamente levar a um excesso de oferta com vitamina A.

Isto pode levar a problemas de pele e o casaco pode cair para fora. Também são possíveis alterações nos ossos. Além disso, foram observados distúrbios na coordenação dos músculos e o cão afectado pode sofrer de vómitos.

Ovos crus de galinha

Deve abster-se de alimentar ovos crus. O risco de envenenamento por salmonela é demasiado grande. No entanto, os ovos são permitidos em estado cozinhado.

A proteína bruta impede a absorção de biotina. No entanto, a biotina é muito importante para o metabolismo do seu cão.

Couve

Não deve dar couve crua ao seu cão. Tem um efeito flatulento e causa dores e cãibras abdominais.

O que fazer em caso de envenenamento?

Se tiver observado o seu cão a ingerir alimentos impróprios ou mesmo tóxicos, não deve esperar até que surjam quaisquer sintomas, mas levá-lo imediatamente ao seu veterinário. Esta é a única forma de prevenir graves problemas de saúde. Se possível, leve consigo uma amostra dos alimentos ingeridos para que o seu veterinário saiba imediatamente com o que está a lidar e possa iniciar o tratamento adequado.

Possíveis sintomas de envenenamento são:

- Inquietude inexplicável
- Vómitos e diarreias
- Hemorragia gastrointestinal
- sede excessiva e inexplicada
- Ventre inchado
- Cãibras
- Temperatura demasiado alta ou demasiado baixa
- Apatia
- membranas mucosas pálidas
- Falta de ar

Se notar um ou mais sintomas no seu amigo de quatro patas, consulte também um veterinário de imediato. Também pode haver sinais que não estão aqui listados. Tudo o que lhe parece inexplicável neste momento pode ser devido a envenenamento. É melhor ir ao veterinário uma vez demasiado frequentemente do que uma vez demasiado tarde....

No entanto, não se torne agitado em tal momento, isto será transferido para o seu cão e ele tornar-se-á igualmente agitado e nervoso. Isto pode contribuir para a relutância ou recusa do seu animal de estimação em ser examinado e talvez até morder. Por isso, mantenha a calma.

Além disso, deverá proporcionar um ambiente calmo e, acima de tudo, seguro. É concebível que o seu cão esteja muito excitado ou talvez a sofrer de convulsões. Por conseguinte, tudo o que possa representar um risco de lesão para o seu amigo de quatro patas deve ser afastado do caminho. Fale sempre com o seu animal de estimação com uma voz calma, porque ele confia em si.

Se possível, peça a uma terceira pessoa para chamar o seu veterinário e transmitir-lhe informações úteis com antecedência. Isto dá ao veterinário a oportunidade de preparar um tratamento adequado ou de o encaminhar para uma clínica veterinária competente. Se estiver sozinho com o seu cão na altura, é claro que deve fazer esta chamada você mesmo. Aqui, também, a regra é: manter a calma.

É muito provável que tenha de se dirigir ao consultório do seu veterinário com o seu cão. Por favor, faça-o com cuidado e calma. Mesmo que naturalmente queira ajudar o seu cão o mais rapidamente possível, por favor, preste atenção ao trânsito. Ninguém é ajudado se causar um acidente a caminho do veterinário e vidas humanas podem ser postas em risco.

E por último, mas não menos importante: Por favor, não faça o seu animal de estimação vomitar. Isto pode causar danos consideráveis no esófago quando o vómito volta a fluir para cima.

Pode fazer muito para evitar que o seu cão seja envenenado. Na sua própria casa, certifique-se de que o seu cão não tem livre acesso a comida ou restos de comida. Cobrir bem o caixote do lixo ou eliminar imediatamente os restos de comida no caixote do lixo orgânico. Escusado será dizer que não deve dar ao seu cão nada para comer da mesa.

Consulte também os membros da sua família e informe-os sobre alimentos que o seu cão não deve comer em circunstância alguma.

Além disso, pode treinar o seu animal de estimação durante os exercícios diários que ele não está autorizado a apanhar nada do chão sem a sua permissão. Vários comandos são úteis aqui, especialmente o comando "Desligar". Aprenderá como ensinar ao seu cão alguns comandos no capítulo "Treino de cães".

CUIDADOS CORPORAIS E POSTURA

Se quiser obter um Rhodesian Ridgeback, deve informar-se com antecedência sobre as condições de manutenção. Isto não é um cão para um apartamento de cidade pequena ou um apartamento. Aqui deteriorar-se-ia com o tempo, pois dificilmente conseguirá viver o seu grande impulso para se mover e está sempre dependente do seu humano para lhe dar exercício suficiente e ar fresco (da cidade).

Igualmente inadequado é o canil (a propósito, nenhum cão deveria ter de sofrer isto). Também aqui, ele não seria capaz de se mover o suficiente e viver a sua posição de guardião inato e apaixonado. Isto poderia então acabar em mau comportamento social. Além disso, um Rhodesian Ridgeback não pode ser mantido no exterior durante todo o ano no nosso clima, porque não tem sub-pêlo e é, portanto, muito sensível ao frio. As altas temperaturas, por outro lado, não o incomodam em nada, porque, como africano, está habituado a isso.

Um Rhodesian Ridgeback precisa de muito exercício. É claro que isto deve acontecer num ambiente seguro e natural. Há maneiras de manter o cão ocupado durante um passeio.

Ofereça o seu "Ridgie" muito exercício e actividade. Ele não gosta nada de tédio. Um Rhodesian Ridgeback precisa sempre de algo para fazer. Quer esteja a correr numa bicicleta ou mesmo ao lado de um cavalo, a jogar jogos que estimulam a sua mente, ou simplesmente a brincar com o seu humano... o principal é a acção. Mesmo que o amigo de quatro patas esteja deitado no quintal e pareça estar a dormir... tenha a certeza, ele não está apenas a dormir, mas ao mesmo tempo a cuidar da casa e do quintal e, portanto, dos seus humanos.

Certamente que estará sempre atento ao seu querido e poderá imediatamente perceber pelo seu comportamento se está tudo bem ou se ele não se está a sentir bem. Isto já equivale à primeira medida de cuidado. Pode informar-se sobre outras medidas práticas de cuidados durante as seguintes linhas.

Cuidados com a pele e o casaco

Não tem de se preocupar com os cuidados intensivos com o casaco. Se escovar o seu animal uma vez por semana, isto é suficiente. É favor notar que um Rhodesian Ridgeback perde o seu cabelo durante todo o ano. Por isso, a queda sazonal é um problema menor. Durante este tempo, pode ser apropriado escovar com mais frequência. Ao longo do caminho, olhar para todas as partes do corpo para verificar que tudo está em ordem e que não há feridos.

No entanto, se passar muito tempo na natureza, na floresta e em prados, é necessário que verifique sempre o seu cão à procura de parasitas após os passeios. Caso contrário, as carraças e as pulgas podem entrar em sua casa demasiado depressa. Para este fim, é melhor utilizar um caril de borracha ou, melhor ainda, um pente para pulgas.

Em caso de sujidade pesada, é inevitável que coloque o seu cão na banheira. Certamente que gosta de rolar na lama ou outras substâncias que cheiram mal, as quais, naturalmente, têm de desaparecer do seu casaco. Utilizar um champô suave adequado aos cães para se livrarem da lama. Mas tente sempre primeiro remover a sujidade com uma escova. Se for apenas lama, não é necessário utilizar champô, basta enxaguar a sujidade com água morna. Só se deve usar champô para cães se a substância cheirar mal. Quanto menos tiver de dar banho ao seu cão, melhor é para a sua pele e pelagem.

No entanto, deve praticar o banho de vez em quando enquanto o seu cachorro ainda é um cachorro, porque se o seu "Ridgie" não é suposto tomar banho pela primeira vez até à idade adulta (por vezes só tem de ser feito), pode meter-se em problemas e provavelmente não será capaz de distinguir a sua casa de banho de um pântano depois.

É também aconselhável treinar todas as medidas de preparação de cachorros logo no início da idade de cachorro. Desta forma, pode estabelecer-se um ritual que o seu animal de estimação irá apreciar em breve.

Ilustração 2Conjunto de cuidados

Cuidados com os olhos

Uma vez que, de qualquer forma, se dá uma vista de olhos à aparência geral do seu cão todos os dias, rapidamente se aperceberá de impurezas nos olhos.

Por vezes acumula-se fluido nos cantos dos olhos. É melhor remover isto com um pano muito macio. Usar um pano novo para cada olho para que não sejam transferidos germes de um olho para o outro. Se o fluido já endureceu e formou uma crosta, humedeça o pano com água morna ou utilize pensos especiais para os olhos.

No entanto, se notar uma descarga amarelada dos olhos, queira ver imediatamente o seu veterinário, pois pode tratar-se de uma infecção. Se os olhos do seu cão parecerem vermelhos ou enevoados, também deve mandar examiná-los por um veterinário. Os olhos saudáveis do seu amigo de quatro patas olham para si com atenção e clareza.

Mais uma vez, se começar a cuidar dos olhos numa idade precoce, o seu amigo de quatro patas conhecê-lo-á rapidamente e não terá medo dele na idade adulta se você mesmo for gentil e calmo com ele.

Cuidados com os ouvidos

Felizmente, as orelhas de um Rhodesian Ridgeback não são muito frágeis e, portanto, raramente ocorrem problemas com elas.

No entanto, deve sempre olhar para os ouvidos do seu cão como parte dos cuidados semanais com o pêlo para ver se a sujidade se acumulou ali. Se for este o caso, pegue num simples lenço de papel macio. Envolva-o à volta do dedo e limpe suave e cuidadosamente as orelhas do seu cão. No entanto, não ponha o dedo demasiado fundo no ouvido, porque o seu cão não gosta nada disto e pode magoá-lo. Pratique este procedimento mesmo quando o seu cão é um cachorro, para que o seu "Ridgie" se habitue a ele e confie em si quando quiser limpar-lhe os ouvidos. Há também uma loção especial para a limpeza dos ouvidos disponível nas lojas ou junto do seu veterinário. Descubra antecipadamente se faz sentido utilizar uma tal ajuda e como a deve aplicar.

Se notar um cheiro desagradável vindo dos ouvidos, leve o seu cão ao veterinário. Além disso, se coçar frequentemente os ouvidos, pode ser uma indicação de uma doença que precisa de ser investigada.

Cuidados dentários

Se um cão ainda fosse alimentado como um lobo, não necessitaria de qualquer cuidado dentário especial. Na natureza, tudo pode ser encontrado para manter os dentes limpos e intactos. Claro que este não é o caso dos nossos cães domésticos, porque lhes é dada a sua comida e não têm de fazer nada por ela. Além disso, se o alimento for enlatado, é macio e o cão não tem de o mastigar. Com comida seca, há pelo menos a possibilidade de o cão mastigar antes de a engolir e assim os dentes são um pouco limpos.

Agora faz sentido oferecer ao seu Rhodesian Ridgeback algo para mastigar. Os ossos de pele de búfalo são os melhores para esta raça. Ele pode mastigá-los maravilhosamente e relaxar ao mesmo tempo. Mas nem todos os ossos devem ser alimentados com o cão. Pode descobrir o que são estes no capítulo "O que não deve estar na tigela?

No entanto, o seu "Ridgie" pode não gostar nada de mastigar qualquer osso. Neste caso, tente tornar palatáveis tiras ou paus especiais de mastigação para cuidados dentários. Também pode comprar brinquedos de mastigar adequados nas lojas. O seu amigo de quatro patas também pode gostar de brincar com elas.

Para prevenir doenças dentárias, é importante que dê regularmente uma vista de olhos na boca do seu cão. Se notar quaisquer irregularidades, visite o seu veterinário. Uma vez que visitará o seu veterinário a intervalos regulares para que o seu cão seja examinado rotineiramente, ele também pode então examinar de perto os dentes.

Cuidados com as patas

Em condições climatéricas normais, não é necessário realizar qualquer cuidado especial com as patas. Inspeccione os pés do seu cão depois de cada passeio, pode naturalmente haver um corpo estranho sobre eles que precisa de ser removido.

Em tempo de chuva, pode lavar as patas com água morna e clara, verificando a presença de corpos estranhos. Em seguida, secar as patas com uma toalha macia. Isto é normalmente tudo o que é necessário.

No Inverno, as coisas parecem bastante diferentes. Muitas vezes há sal na estrada ou outro grão nos caminhos. Isto ataca as patas e almofadas do seu amigo de quatro patas e pode levar à inflamação e irritação. Infelizmente, nem sempre é possível evitar caminhar por caminhos e estradas desbravadas. Por conseguinte, deve lavar as patas do seu cão com água após cada passeio e depois secá-las cuidadosamente com uma toalha.

O seu Rhodesian Ridgeback pode não gostar particularmente deste procedimento, por isso é importante estabelecer também uma rotina para este aliciamento, que deverá praticar com ele desde tenra idade.

Como medida preventiva, pode tratar as patas do seu cão (e também o nariz) com gordura de ordenha. Isto manterá pelo menos parte do grão prejudicial afastado.

Garras cortadas

A melhor altura para aparar as garras é depois de um passeio ou depois do recreio. Então, o seu cão está cansado e ele tomará este procedimento com mais calma.

Aparar as unhas em cães é tão importante como aparar as unhas. As garras estão constantemente a voltar a crescer e acabarão por ser demasiado compridas se não se desgastarem o suficiente com o exercício.

Com alguns cães, o desgaste das garras é automático, com outros não. Os cães grandes e pesados têm menos problemas com garras longas do que os cães pequenos e leves. A dureza das garras também determina se elas se desgastam bem ou não.

No entanto, o comprimento correcto das garras é importante para pernas saudáveis. Se forem demasiado longos, a bola do pé é empurrada para cima e os ossos e ligamentos podem ficar desalinhados. Há também o risco de o seu cão arrancar as suas garras ou elas se romperem. Isto pode levar a dores consideráveis. O comprimento correcto das garras permite que a pata do seu cão role bem e ele possa então andar muito melhor. E por último, mas não menos importante, o seu chão sofre menos quando o seu cão tem garras bonitas.

Mas como se pode saber se as garras da Fiffi são demasiado compridas? Devem estar a cerca de dois milímetros do chão. Isto é difícil de medir... pegue num pedaço de papel e tente deslizá-lo por baixo da pata até à bola do seu amigo de quatro patas. Se não tiver sucesso, as garras são demasiado compridas e precisam de ser encurtadas.

Agora precisa de um pouco de habilidade se quiser cortar as garras do seu cão sozinho. Em nenhuma circunstância deverá cortar demasiado, porque isto causará hemorragia e o seu animal de estimação terá dores.

Há vasos sanguíneos nas garras. Se as garras forem de cor clara, segure uma tocha contra elas e poderá vê-las claramente. Apenas a parte da garra que não é fornecida com sangue pode ser cortada.

Se as garras forem de cor escura, a sua única opção é sentir lentamente o seu caminho para a frente com corta-unhas. Cortar sempre pedaços minimamente pequenos da garra até encontrar uma pequena mancha preta. Depois chegou ao vaso sanguíneo e tem de parar. Talvez consiga ver os vasos sanguíneos na garra escura com a lâmpada no seu telemóvel. Uma tal lâmpada brilha muito bem. Se tiver feito este procedimento com mais frequência, desenvolverá uma sensação ao longo do tempo e saberá automaticamente até que ponto pode encurtar as garras.

Lembre-se também das garras de lobo nas patas traseiras do seu cão. A garra do lobo é o quinto dedo do pé e normalmente não está em contacto com o solo. Pode crescer para a pele se não for regularmente aparada. Há também o risco de se prenderem.

Agora vamos começar com a aparagem das garras. Em primeiro lugar, junte todos os utensílios de que necessita para isso. Em primeiro lugar, é claro, a tesoura das garras e, em caso de acidente, uma barra de sabão ou uma rolha de sangramento para cães, bem como uma meia especial para cães. Pode comprar uma rolha sangrante adequada numa loja especializada ou junto do seu veterinário, bem como na Internet no "grande A".

É mais fácil cortar as garras quando o seu amigo de quatro patas está deitado. Se ele tiver uma confiança estável em si, ficará calmo e relaxado. Se você mesmo estiver entusiasmado porque está a cortar as garras pela primeira vez, o seu cão também ficará inquieto.

Agora segure a sua pata firmemente na sua mão. É melhor iluminar o seu ambiente de trabalho para que possa ver bem. Olhe também através das garras do seu amigo de quatro patas para ver os vasos sanguíneos. Também é bem-vindo a usar uma lupa ou lupa de mesa para que possa ver tudo ainda melhor.

Se o seu "Ridgie" quiser arrancar a pata, segure-a firmemente. Cortar a garra em ângulos rectos na direcção do crescimento e apenas uma pequena peça de cada vez para que os vasos sanguíneos no interior permaneçam intactos. O seu cortador de garras terá provavelmente um espaçador, mas por favor não confie apenas nisto, olhe sempre cuidadosamente para si.

Quando o seu animal de estimação tiver passado calma e tranquilamente por todo o procedimento, elogie-o profusamente e mime-o com as suas guloseimas favoritas.

Mesmo com a melhor prática, pode acontecer que se corte demasiado largo. É por isso que tem o "kit de emergência" pronto. Porque uma vez que isso aconteceu e a garra está a sangrar, é preciso agir rapidamente.

Colocar a garra hemorrágica no pedaço de sabão macio. A hemorragia deve agora parar rapidamente e o sabão forma uma camada protectora. Agora puxa a meia do cão sobre a pata de modo a que o sabonete se agarre a ela. É claro que também se pode usar a referida rolha de sangramento em vez do sabonete. O seu amigo de quatro patas pode agora andar com esta meia durante cerca de uma semana para proteger a garra ferida, para que não ocorra qualquer inflamação. É claro, verificar o estado da pata várias vezes ao dia. Se não tiver a certeza, por favor visite um veterinário com o seu cão.

Não é certamente fácil para os amadores cortar as garras. Requer prática e sensibilidade. Se não tiver a certeza se o pode fazer por si próprio, peça ajuda ao seu veterinário. Durante os exames de rotina, ele ou ela também pode assumir o corte das garras. Talvez ele vos possa mostrar e ensinar para que estejam preparados para a próxima vez.

Utensílios de cuidado

Deve ter sempre à mão alguns utensílios de cuidado, só por precaução.

As toalhas, por exemplo, são úteis para um possível banho. No Inverno, precisará deles para cuidar das patas. Também deve usar estas toalhas apenas para o seu cão, porque serão cobertas com pêlo de cão que é difícil ou impossível de remover. Além disso, não é particularmente higiénico usar uma toalha que tenha usado anteriormente para o seu amigo de quatro patas.

É preciso um champô para cães para dar banho ao seu amigo de quatro patas. Isto foi especialmente desenvolvido para cães e cuida do pêlo e da pele. Por favor, não utilizar champôs para uso humano.

Para garantir que o seu animal de estimação tenha uma base segura no banho ou no duche, coloque um tapete antiderrapante no interior. Também deve usar isto apenas para o seu cão.

Além disso, é necessário um removedor de carraças. O seu amigo de quatro patas irá certamente "receber" uma ou outra carraça no decorrer da sua vida e você precisa destes alicates para os remover correctamente. Pode descobrir como utilizar os picadores de carrapatos no capítulo "Doenças".

O seu kit de preparação também deve incluir um pente para pulgas. Com isto pode facilmente descobrir se o seu cão tem "alojadores". Encontrará mais informações sobre isto no capítulo "Doenças".

É necessário um pente de caril de borracha para os cuidados semanais com o casaco. Isto é descrito num capítulo anterior.

Os dentes também precisam de ser tratados. Existem escovas de dentes especiais para cães, cuja utilização não pode ser conclusivamente demonstrada como tendo um efeito positivo ou negativo. Os mastigadores naturais que cuidam dos dentes continuam a ser a melhor escolha.

Deve ter sempre à mão uma lata de vaselina ou gordura de ordenha. No Inverno, pode usar estas pomadas para cuidar das patas do seu cão. Pode ler mais sobre isto no capítulo "Cuidados com as patas".

Existem outros utensílios de asseio para o seu cão, mas não são realmente necessários. São mais para a beleza externa do que para a saúde. Se ainda estiver interessado em tais produtos, por favor fale primeiro com o seu veterinário. Existem colírios especiais ou almofadas para os olhos para limpar os olhos do cão. Os chamados sprays de brilho para o casaco estão disponíveis nas lojas. No entanto, com bons cuidados normais e uma dieta equilibrada, o pêlo do seu cão brilhará por si só. No entanto, se o seu animal sofrer de pele seca com comichão, um spray especial para o cuidado pode ser útil. O seu veterinário aconselhá-lo-á e recomendará um tal spray.

DOENÇAS

Qualquer cão pode ficar doente ou apanhar parasitas. Descubra nas linhas seguintes como reconhecer certas doenças no seu cão e o que pode fazer em relação a elas.

Parasitas

Os parasitas podem tornar a vida muito difícil para o seu Rhodesian Ridgeback. Normalmente causam comichão intensa, mas doenças graves não podem ser descartadas. Estes são os tipos mais comuns de parasitas:

Ácaros

Infelizmente, os ácaros são muito comuns nos cães. São classificados como aracnídeos e geralmente espreitam na relva em prados e campos. O seu amigo de quatro patas apanhá-los-á a todos demasiado depressa se ele andar pela relva.

Existem diferentes tipos de ácaros na Europa, tais como ácaros demodex, ácaros herbívoros, ácaros predadores, ácaros das orelhas, ácaros das tocas e ácaros de sarna. Alguns também se transmitem ao ser humano e podem transmitir doenças como a sarna.

Alguns sintomas são os mesmos para cada tipo de ácaro, mas existem também sintomas específicos que podem ser utilizados para identificar que tipo de ácaro é.

Em geral, pode haver uma comichão muito forte. O seu cão irá coçar sem parar. A caspa pode formar-se na pele e o casaco pode cair para fora. A constante raspagem causará feridas e eczema. Além disso, as áreas abertas podem levar à inflamação e a mais infecções.

No caso de uma infestação com ácaros, os sintomas também só podem ser vistos nas orelhas.

Uma consulta rápida com o veterinário é agora inevitável, porque alguns tipos de ácaros podem ser muito contagiosos e podem também propagar-se aos humanos. Outros animais de estimação devem também ser examinados para infestação e tratados em conformidade.

O seu veterinário dar-lhe-á medicamentos para reduzir a comichão. Pode também recomendar um champô ou pó especial. Deve então tratar o seu amigo de quatro patas com isto, de acordo com as instruções. Pense também na cama do cão, porque os ácaros também podem viver aqui.

Se tiver ácaros de Outono no seu jardim, corte-os mais vezes do que o normal e elimine as estacas de relva. Só deixe o seu cão correr na relva quando está molhado. Então não haverá aí tantos ácaros.

Prevenir os ácaros não é fácil, mas se o seu cão tiver um sistema imunitário saudável e forte em primeiro lugar, uma infestação é menos arriscada. Portanto, trate o seu amigo de quatro patas com uma dieta boa e equilibrada e dê-lhe exercício suficiente. Verifique o pêlo do seu cão à procura de parasitas após cada passeio. Desta forma, pode reagir antes que a infestação se torne perceptível. Por vezes é aconselhável lavar o seu cão após cada passeio para que quaisquer pragas que possam estar presentes sejam enxaguadas. No entanto, isto não é muito benéfico para a pele e o pêlo do seu animal de estimação. Mas deve limpar a sua coleira ou arreios com regularidade, bem como os cobertores para cães do cesto. Para enterrar ou desmodexar ácaros, pode usar vinagre de maçã diluído. No entanto, tenha cuidado para não colocar esta mistura nos olhos do seu cão ou em feridas abertas. Também é possível aplicar óleo de coco. Para algumas espécies de ácaros, isto irá bloquear os orifícios de respiração e estes morrerão.

No entanto, consulte sempre o seu veterinário se quiser utilizar tais remédios caseiros. Esta nem sempre é a forma correcta e aconselhável.

Carraças

As carraças não são menos perigosas do que os ácaros ou as pulgas, porque também podem transmitir doenças que também podem ser perigosas para os seres humanos. Uma infestação com carraças é possível durante todo o ano e não apenas no Verão, como muitas vezes se assume erroneamente. Quando a temperatura é de pelo menos 6 °C durante vários dias, os carrapatos tornam-se activos e procuram os seus hospedeiros.

Uma carraça, que por acaso é classificada como aranha, já depende da comida como larva. Nesta fase, porém, são preferidos pequenos animais como ratos ou ratazanas. As carraças maiores e adultas são mais frequentemente encontradas em gatos, cães ou mesmo humanos. No entanto, também lhes é possível sobreviver durante vários anos sem comida. A sua mordedura, ou melhor, o seu ferrão, pode transmitir doenças, porque podem já ter estado em muitos outros hospedeiros. São espalhados por aves ou outros mamíferos.

Antes de uma carraça fêmea poder pôr os seus ovos na folhagem, ela deve ter-se abastecido de sangue num hospedeiro durante vários dias. Ela morre depois de ter escondido com sucesso os ovos. Depois das eclosões das larvas, deve encontrar um hospedeiro para se alimentar do seu sangue e alcançar a fase seguinte de desenvolvimento. Se isto não acontecer, acaba por morrer. A larva torna-se uma ninfa no segundo ano. Isto ainda não está completamente maduro e tem de procurar novamente um hospedeiro para se alimentar. Só no terceiro ano da sua vida é que o carrapato é adulto e quer reproduzir-se. Por conseguinte, precisa de receber de novo sangue. Depois disso, pode pôr os seus ovos e morrer. Começa um novo ciclo.

A propósito, o controlo de carraças só é possível no animal infestado. Todo o ciclo de vida de um tal aracnídeo ocorre na natureza e não no hospedeiro.

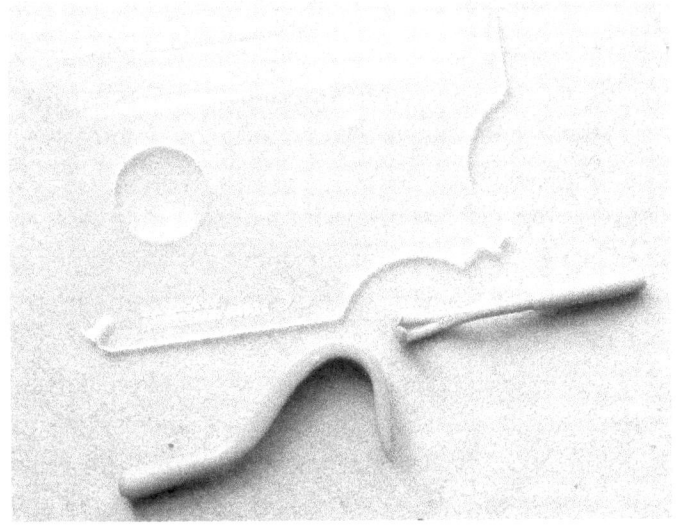

Fotografia 3: O nosso kit de carraças, ©

Um carrapato pode ser rapidamente localizado no pêlo do seu cão se se der ao trabalho de o verificar regularmente à procura de parasitas. Normalmente, permanecerá no seu hospedeiro durante vários dias antes de cair, ensopado em sangue. No entanto, uma mordida despercebida de um carrapato pode ser muito difícil de detectar. Aqui é necessário estar atento a características como arranhões frequentes, vermelhidão e inchaço.

As carraças são perigosas principalmente porque transportam muitos agentes patogénicos. Podem transmitir minhocas, vírus, bactérias e protozoários e assim causar problemas de saúde consideráveis; e não só num cão, mas também em nós, humanos.

O que era considerado uma doença de viagem da região mediterrânica há alguns anos atrás é agora omnipresente aqui na Alemanha. Por exemplo, uma picada de carraça das espécies "carraça de cão castanho" e "carraça de floresta aluvial" pode causar ehrlichiosis ou babesiosis, também conhecida como malária canina, que muitas vezes tomam um curso crónico. A infecção com anaplasmose também é possível.

A Anaplasmose é transmitida pelo carrapato comum da madeira. Encontra-se em toda a Europa, América e Ásia. As bactérias só afectam certos glóbulos brancos e causam exaustão, perda de apetite, manqueira, febre, diarreia, vómitos e inflamação das articulações. Por vezes podem observar-se distúrbios de coagulação do sangue e hemorragia das mucosas. O tratamento é com um antibiótico e é geralmente curável. No entanto, os sintomas desta infecção também devem ser tratados.

Os agentes patogénicos da babesiose são capazes de destruir os glóbulos vermelhos do sangue. Dentro de três semanas após a infecção, pode ocorrer febre e a urina escurece. Além disso, existem membranas mucosas pálidas, pressão sanguínea baixa e aumento do baço. Se notar um ou mais destes sintomas no seu cão, consulte o seu veterinário o mais rapidamente possível, porque se esta infecção não for tratada, pode acabar na morte do animal afectado. O veterinário administrará um antiprotozoal uma vez que o diagnóstico tenha sido feito. Este é um medicamento que trata doenças infecciosas parasitárias.

Estará mais familiarizado com a doença de Lyme. É bastante comum na Alemanha, uma vez que quase uma em cada três carraças está infectada com estas bactérias. Uma vez que a doença de Lyme é transmitida ao hospedeiro, espalha-se na corrente sanguínea e pode ser responsável por problemas com as articulações, órgãos e sistema nervoso. Os sintomas iniciais são fadiga, cansaço, febre e perda de apetite. A coxeio também pode ocorrer. Se tal infecção estiver presente, é tratada com um antibiótico. Como medida preventiva, pode mandar vacinar o seu cão contra a doença de Lyme para que os agentes patogénicos não possam ser transmitidos ao potencial hospedeiro no caso de uma picada de carraça. Existem também sprays, colares ou preparações para profilaxia por pontos. Estes são geralmente também eficazes contra as pulgas ou outros parasitas.

Entretanto, até a carraça tropical Hyalomma se sente em casa na Alemanha. Pode transmitir doenças infecciosas de febre e assim causar problemas de saúde.

A melhor prevenção contra carraças é verificar regularmente o casaco. Faça este procedimento depois de cada passeio com o seu cão e tenha cuidado com estes parasitas, especialmente na cabeça e no peito. Se o seu cão apanhar uma carraça, proceda com cautela ao removê-la. Nunca utilizar remédios domésticos tais como óleo, álcool ou cola. O carrapato não se soltará com estes líquidos, mas nas suas gargantas de morte libertará mais saliva e quaisquer agentes patogénicos na ferida da mordedura. Mais adequado é um chamado fórceps de carraça ou um gancho de carraça. Com estes, pode remover profissionalmente o sugador de sangue sem o esmagar ou mesmo deixar a cabeça ou partes da boca na ferida. Cada dispositivo vem com uma descrição de como o utilizar. Se não estiver suficientemente confiante para o fazer, não hesite em pedir ajuda ao seu veterinário.

Pulgas

Se notar uma inquietação invulgar no seu amigo de quatro patas e vir que ele lambe ou mordisca frequentemente em certas áreas e se arranha muito, então verifique o seu pêlo para ver se há pulgas. Uma infestação de pulgas será provavelmente a causa.

As pulgas são muito pequenas, apenas com cerca de 4 mm de tamanho, mas ainda assim fáceis de reconhecer. São geralmente pretas, planas de lado e podem saltar muito longe. Para detectar de forma fiável uma infestação de pulgas, pegue num pente fino e passe-o pelo pêlo do seu cão. Se as pulgas estiverem presentes, encontrá-las-á ou aos seus restos sob a forma de pequenas migalhas negras no pente. Se esfregar estas migalhas pretas num lenço húmido, elas vão ficar castanhas-avermelhadas. Isto é excremento de pulga.

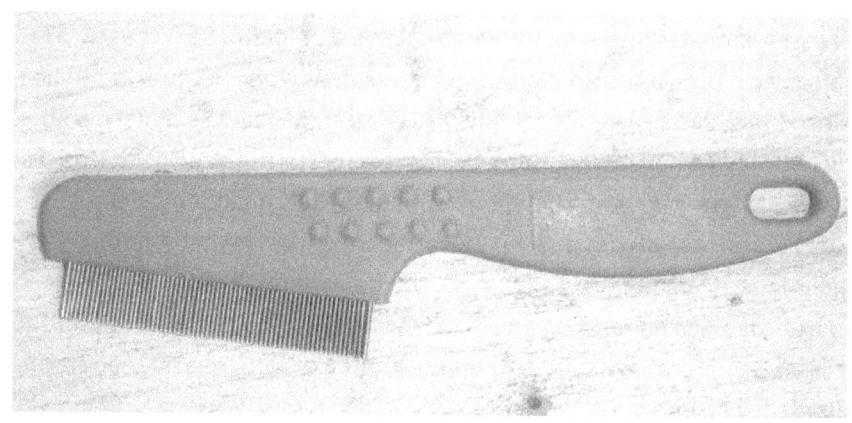

Ilustração 4: O nosso pente para pulgas como um instrumento útil, ©

Agora tem de fazer algo rapidamente contra as pulgas, porque elas não só se instalarão no pêlo do seu amigo de quatro patas, mas também no seu cesto e em qualquer lugar onde o seu cão passe tempo. Além disso, o constante coçar e lamber pode causar infecções na pele e as pulgas podem também transmitir outras doenças. É concebível, por exemplo, que o seu amigo de quatro patas possa apanhar meningite ou febre maculosa das pulgas. Também pode ocorrer uma reacção alérgica às picadas de pulgas e, o que quase nunca é pensado, pode ser transmitido pelas pulgas. Tudo isto também não é inofensivo para os humanos. É por isso que deve sempre realizar um tratamento de vermes em caso de infestação de pulgas.

Há vários produtos de controlo de pulgas disponíveis nas lojas ou junto do seu veterinário. Pode discutir com o seu veterinário qual é o mais adequado para o seu cão. Há pipetas disponíveis, as chamadas spot-ons, cujo conteúdo é pingado para o pescoço do animal. Isto pode até ser feito profilaticamente para evitar que o cão apanhe pulgas em primeiro lugar. Os sprays também podem ser úteis, mas é preciso ter a certeza de que podem ser usados num animal. Além disso, existem coleiras antipulgas que contêm um ingrediente activo que é mortal para as pulgas. Se preferir experimentar sem produtos químicos, experimente sílica ou terra de diatomáceas. Este pó muito fino pode ser espalhado no pêlo do seu cão. Também pode ser utilizado para a cama do cão e o seu animal de estimação espalhará este pó por si só para onde quer que vá. Demora um pouco mais para se livrar da infestação das pulgas, mas tem um efeito muito duradouro. É importante com qualquer tipo de aplicação diferente que se tratem todos os animais do lar contra as pulgas. Caso contrário, existe o risco de saltar de um animal para outro e assim nunca serem completamente erradicados.

Infelizmente, a pulga não faz diferença se escolhe um cão adulto ou um cachorro como seu hospedeiro. Com cachorros, contudo, os medicamentos para pulgas devem ser utilizados com precaução, porque o sistema imunitário ainda não está totalmente desenvolvido. Não se esqueça de falar com o seu veterinário sobre que medicamentos anti-pulgas pode usar em segurança sem prejudicar o seu pequeno querido.

Existem também várias pulverizações para o ambiente do cão, mas os ovos e as larvas das pulgas nem sempre são mortos. Estão normalmente presentes em fendas e cantos escuros da sua casa. É por isso que agora deve procurar o aspirador de pó todos os dias. Isto facilita o eclodir das larvas e pode combatê-las com medicamentos anti-pulgas. Se a sua casa for demasiado afectada, pode utilizar os chamados "nebulizadores". No entanto, não poderá entrar em sua casa durante várias horas e terá de limpar meticulosamente todo o mobiliário. Um método muito inconveniente, mas alguns donos de cães juram por isso.

Agora provavelmente está a perguntar-se onde é que o seu cão arranjou as pulgas em primeiro lugar. Isto acontece rapidamente quando está fora e com o seu amigo de quatro patas. As pequenas pragas espreitam na relva ou no pêlo de outros cães com que o seu brincou. As pupas e larvas de uma pulga podem mesmo sobreviver durante vários meses sem comida e depois acabam no pêlo do seu amigo de quatro patas. E depois é preciso considerar que uma pulga pode saltar mais de meio metro. Infelizmente, os nossos Invernos já não são suficientemente frios para matar uma população de pulgas, e uma vez que há alguns em casa, acham particularmente fácil multiplicar-se rapidamente. Uma fêmea pode produzir muitas centenas de ovos em poucas semanas, que acabarão por cair do cão e se espalhar por todo o apartamento. É por isso que é tão importante controlá-los dentro das suas próprias quatro paredes. As larvas de pulga eclodem dos ovos após um curto período de tempo. Estes encontram-se principalmente em fendas escuras ou em vestuário e têxteis, bem como em tapetes. As larvas são muito robustas e difíceis de remover. No ciclo seguinte, as larvas pupas e podem sobreviver durante muitas semanas e meses. Mesmo os químicos dificilmente afectam o cachorro. Agora a pulga adulta emerge e está pronta para pôr novos ovos. É muito difícil controlar uma verdadeira infestação de pulgas. Portanto, faça um favor a si próprio e verifique regularmente se o seu cão tem parasitas.

Doenças estomacais e intestinais

Várias doenças de todo o tracto digestivo ocorrem em todos os cães. Não existem aqui padrões específicos da raça. Estes podem incluir problemas digestivos gerais que podem ser rapidamente resolvidos com um pequeno remédio caseiro, mas também podem ocorrer problemas mais graves. Aprenda mais sobre os sintomas e o que deve ter em conta aqui.

Torção gástrica

Em raças grandes, tais como a sua Rhodesian Ridgeback, a torção gástrica (dilatação gástrica) é mais comum do que em raças pequenas de cães. Isto é exacerbado por um peito estreito e profundo. Tal torção gástrica, se não for tratada, pode levar à morte do animal num curto espaço de tempo.

Se demasiados gases, líquidos ou mesmo alimentos sólidos se tiverem acumulado, pode ocorrer uma dilatação gástrica. O estômago expande-se e gira sob estas condições. Com esta rotação, existe o risco de que a entrada e a saída do estômago sejam bloqueadas, fazendo com que o estômago se expanda ainda mais.

Esta condição torna impossível mover mais o conteúdo do estômago. Outros gases também se acumulam e o estômago invertido bloqueia importantes vasos sanguíneos e órgãos. O seu cão irá sofrer grandes dores.

Através desta dor, o seu amigo de quatro patas poderia revelar um comportamento completamente alterado. Uma palpação cuidadosa do abdómen permite-lhe sentir o estômago inchado, se ainda não o reconhecer dessa forma. Isto porque, com o tempo, o estômago vai ficando cada vez maior. O seu cão irá sofrer de náuseas e amordaçamento. Também notará uma salivação invulgar e o seu amigo de quatro patas irá andar para trás e para a frente incansavelmente. Sofre de dificuldades respiratórias e uiva de dor. Consulte imediatamente o seu veterinário se notar sequer um destes sintomas no seu "Ridgie".

A dilatação gástrica só pode ser corrigida e curada por cirurgia oportuna. Isto deve ser feito dentro de seis horas após o início dos sintomas, caso contrário as hipóteses de sobrevivência são fracas. Por conseguinte, não hesite se reconhecer os sintomas descritos acima no seu cão.

A torção gástrica é mais comum à noite, por isso certifique-se de que consegue ouvir o seu Rhodesian Ridgeback durante este tempo se ele não estiver bem. Caso contrário, perder-se-ão horas cruciais.

É possível evitar um pouco a torção gástrica. Faz sentido alimentar o seu "Ridgie", que é uma das raças em risco, pelo menos duas vezes por dia. Isto assegurará que o estômago não esteja demasiado cheio. Assegure-se também de que o seu cão não se envolve em nenhuma actividade turbulenta durante pelo menos meia hora antes e meia hora depois de comer. Os movimentos bruscos com o estômago cheio podem desencadear uma torção gástrica. Além disso, se o seu cão beber demasiada água ao mesmo tempo, pode causar tais problemas porque há então uma maior acumulação de líquido no estômago. Por último, mas não menos importante, mantenha o seu cão calmo ao comer. O seu cão deve comer devagar e mastigar bem a sua comida. Ele não o fará se for perturbado. Se o seu cão for perturbado enquanto come, ele começará a engoli-lo, o que por sua vez pode levar à gastrite.

Levar estas pequenas regras a sério, pois poderiam reduzir significativamente o risco de dilatação gástrica.

Diarreia

Qualquer distúrbio digestivo pode causar rapidamente diarreia. As perturbações digestivas são todos problemas de saúde relacionados com o tracto gastrointestinal, ou seja, os órgãos digestivos.

O sistema digestivo assegura a absorção suave de vitaminas, nutrientes e oligoelementos. Se houver aqui uma desordem, o seu cão já não pode absorver todas as substâncias importantes e fica doente.

Se a digestão não estiver em ordem, ocorrem geralmente náuseas, vómitos e diarreia. Mas também pode haver sinais tais como flatulência, ruídos estomacais, perda de peso ou uma mudança no apetite com lentidão súbita. Escusado será dizer que deverá consultar um veterinário o mais cedo possível se notar tais sintomas. Ele ou ela deve localizar e tratar a causa dos sintomas.

Se de facto houver um distúrbio digestivo, a causa deve, evidentemente, ser descoberta. Juntamente com o seu veterinário, falará sobre como é a rotina diária e a dieta do seu amigo de quatro patas.

Muitas vezes é gastrite, ou seja, uma inflamação do estômago. Mas também é possível que o seu cão tenha comido algo que não estava de acordo com ele. Além disso, a causa pode residir no intestino delgado, por exemplo, se este estiver inflamado. O intestino grosso também pode ser afectado por inflamação. Neste caso, a diarreia é frequentemente intercalada com sangue ou muco. Se o pâncreas não produzir enzimas digestivas suficientes por estar inflamado, também pode ocorrer diarreia.

Nesses casos, o seu veterinário irá provavelmente prescrever medicação e possivelmente uma dieta. A diarreia e também o vómito podem levar a uma perda de fluidos e, assim, também se perdem nutrientes e vitaminas importantes. Com uma dieta especial, os órgãos digestivos atacados podem regenerar-se mais rapidamente e assumir novamente a sua tarefa real.

Assim que o seu animal de estimação tiver recuperado, mude lentamente a comida de volta à dieta original.

Se se verificar que o seu cão comeu algo que não estava de acordo com ele, tente localizar esta comida e mantê-la fora do alcance do seu nariz peludo no futuro.

Minhocas

Os vermes podem ser mais comuns num cão do que provavelmente se pensa. Se passar muito tempo ao ar livre com o seu amigo de quatro patas, é fácil para ele ficar infectado com vermes. Como medida preventiva, deve sempre dar ao seu cão um tratamento regular de desparasitação. Pode obter isto do seu veterinário e administrá-lo lá. Se quiser, também o pode fazer você mesmo. Um tratamento de vermes é normalmente uma pasta que se coloca na boca do cão.

No entanto, ainda pode acontecer que os seus Fiffi apanhem estes subtenentes intestinais indesejados. As próximas linhas dir-lhe-ão como reconhecer uma infestação de vermes e o que fazer.

Os ovos destes parasitas podem sobreviver durante muitos meses na natureza sem um hospedeiro ou alimento. Assim, se o seu Rhodesian Ridgeback se ajudar a si próprio numa poça de água, ele pode ficar infectado com vermes.

Da mesma forma, resíduos de areia podem esconder-se no seu pêlo, no qual podem ser encontrados ovos de vermes. Estes entram então no organismo do cão através da lambedura. Até você mesmo pode transportar estes ovos de vermes sem ser notado para o apartamento com os seus sapatos.

Outros cães infectados deixam os ovos de vermes com as suas fezes para trás. Se o seu amigo de quatro patas fareja estas fezes, o que muitos cães fazem, ele pode ingerir os ovos. Se ele lamber as fezes de outras pessoas, o perigo é ainda maior.

Se o seu cão comer um animal de presa, o que esperamos que não aconteça, pode ficar infectado com ténia de raposa. Mas mesmo se alimentar o seu cão, há um risco elevado de transmissão de vermes, porque a carne crua pode ser infestada com ovos de vermes. Estão frequentemente presentes nas miudezas que são alimentadas quando se vomita.

Mesmo os cachorros podem ser infectados com vermes antes do nascimento, se a mãe sofrer de uma infestação. No entanto, o mais tardar quando são amamentados pela mãe, a transmissão tem lugar.

Por último, mas não menos importante, as pulgas são frequentemente responsáveis por uma infestação de vermes, porque também as podem transmitir. Estes são geralmente vermes ancilóstomos ou vermes pepinos.

Existem vários tipos diferentes de vermes e cada um pode causar sintomas diferentes. Podem ser muito severas, mas por vezes não há quaisquer sinais. Descobrirá o que são mais tarde. Por agora, conheça os diferentes tipos e como eles são transmitidos.

A **ténia** é provavelmente o mais conhecido destes parasitas. As espécies de ténia da raposa, ténia do pepino e verme de larva estão aqui representadas. Estes ocorrem em cães quando comem presas.

A **lombriga redonda** é a mais comumente diagnosticada em cães. Os ovos e larvas deste verme encontram-se no solo ou aderem a galhos e arbustos. Podem também ser encontrados nos excrementos de outros animais. Assim, infelizmente, o seu cão pode ser infectado muito rapidamente e sem ser notado.

As minhocas de gancho também são transmitidas através da mesma rota que as **minhocas redondas.** Esta espécie pode também entrar rapidamente no corpo através da pele do hospedeiro potencial. Além disso, os cachorros correm o risco de serem infectados através da sua mãe.

Os ovos de **chocos** podem estar presentes nas fezes de outros animais. A sua característica especial é que podem sobreviver durante muitos anos sem um hospedeiro na natureza e assim permanecer contagiosos. Se o seu cão fareja ou mesmo ingere fezes contaminadas com ovos de vermes, o risco de infecção é muito elevado.

A infecção com **parasitas pulmonares** pode ocorrer quando o seu cão come presas. Podem ser ratos, aves ou outros pequenos animais, tais como caracóis. Mesmo o rasto de muco de um caracol pode conter larvas de vermes pulmonares. Se oferecer ao seu "Ridgie" uma tigela para beber no jardim, certifique-se de que não está infestado de caracóis, caso contrário o seu amigo de quatro patas pode rapidamente ficar infectado com minhocas pulmonares.

Uma espécie de mosquito que na realidade só se encontra na região mediterrânica pode desencadear uma infecção com **minhocas cardíacas**. Quando este mosquito tigre asiático morde, transmite as larvas da minhoca. Infelizmente, este mosquito também foi encontrado na Alemanha, pelo que a infecção não pode ser excluída.

Estes muitos tipos diferentes de parasitas causam o mesmo número de sintomas diferentes. Um cão saudável de outro modo permanecerá mesmo livre de sintomas no início. No entanto, isto muda à medida que a infestação de vermes avança. Os seguintes sintomas podem ocorrer:

- Pode ocorrer diarreia hemorrágica.
- O seu cão pode vomitar.
- A obstipação pode desenvolver-se.
- O seu cão tem menos apetite e perde peso como resultado.
- Os sintomas de carência ocorrem porque os vermes no estômago e nos intestinos reduzem ou impedem a absorção de nutrientes.
- Pode ocorrer prurido no ânus. Um cão afectado contraria isto através do que se chama "trenó", deslizando sobre o chão no seu rabo.
- Pode aparecer um abdómen distendido.
- A infestação com ancilóstomos pode levar à anemia.
- Os cachorros estão particularmente em risco porque o seu desenvolvimento é perturbado. Mostram um casaco desgrenhado e olhos baços. Pode também ocorrer uma perda de peso grave.

Por vezes é possível detectar minhocas nas fezes do seu cão. Depois, é claro que deve consultar um veterinário o mais cedo possível. Este sinal pode ser muito importante se não houver outros sintomas.

Os vermes também podem ser transmitidos a outros animais e a seres humanos. Por conseguinte, se reconhecer sequer um destes sintomas no seu cão, deve consultar imediatamente um veterinário.

No decurso da vida de um cão, o seu animal de estimação irá certamente cair com uma infestação de vermes pelo menos uma vez. Se reconhecer o problema a tempo, não é um grande problema, a infestação apenas tem de ser tratada profissionalmente. Se os sinais passarem por si e notar a infestação de vermes muito tarde, o seu cão pode sofrer graves problemas de saúde.

É assim que os danos podem ocorrer no tracto gastrointestinal. Estas são causadas por ténias, ancilóstomos e lombrigas, porque estes vivem nos órgãos digestivos do cão e sugam o sangue. Como resultado, a absorção de nutrientes e vitaminas pode ser gravemente perturbada e o cão perde peso. Além disso, a diarreia e o vómito podem ser desencadeados. As perturbações de desenvolvimento podem ocorrer em cães muito jovens.

O coração e os pulmões são afectados por uma infestação de minhocas pulmonares ou de vermes cardíacos. Se o seu amigo de quatro patas desenvolver uma tosse inexplicável, isto pode indicar vermes pulmonares. Além disso, o seu amigo de quatro patas pode não ser capaz de desempenhar e manter o seu bom estado, e pode também sofrer de uma perda de apetite, o que por sua vez leva à perda de peso.

Preste sempre muita atenção ao seu cão e ao seu comportamento. Terá de o conhecer bem ao longo dos anos e reconhecerá muito rapidamente se ele não estiver bem e mostrar mudanças de comportamento. Se houver alguma incerteza, mande examiná-lo pelo veterinário e ainda mais se suspeitar de uma infestação de vermes, porque os vermes também podem ser transmitidos aos humanos e causar problemas de saúde consideráveis.

Uma tal infecção pode acontecer rapidamente. Mima muito o seu animal de estimação ou ele até dorme no seu sofá ou na sua cama? Então deve ser especialmente cuidadoso. Mesmo que o seu cão o lamba a si ou aos seus filhos, uma transmissão de vermes pode ter lugar rapidamente. Os idosos, as crianças e as pessoas cujo sistema imunitário não está em ordem são muito susceptíveis. A ténia da raposa, também chamada verme de cão, pode causar a formação de quistos no fígado, mas também noutros órgãos. Esta doença pode ser fatal se não for tratada. Contudo, por vezes, mesmo as terapias intensivas já não ajudam.

Por isso, lave sempre bem as mãos depois de brincar ou acarinhar com o seu cão. Ensine sempre os seus filhos a fazer o mesmo para prevenir infecções por vermes. Além disso, mantenha sempre limpas as tigelas do seu cão e lave os têxteis que o seu cão utiliza.

Se a infestação tiver sido detectada no seu amigo de quatro patas, deve prestar ainda mais atenção à higiene para si e para os membros da sua família.

É claro que deve levar o seu cão imediatamente a um veterinário se suspeitar que ele possa ter vermes. O veterinário pode determinar se o seu cão está infectado com vermes por meio de exames especiais, geralmente examinando as fezes ao microscópio. Se estes exames forem positivos, ou seja, se existirem vermes, será administrado um tratamento de vermes adequado. Isto só pode ser eficaz se o tipo de vermes tiver sido determinado e o agente de vermes for devidamente visado. Um tratamento de vermes pode ser administrado como uma pasta, comprimido ou tintura e deve ser administrado exactamente como instruído.

Pode dar o medicamento com a comida ou uma guloseima. Após cerca de 24 horas, os vermes mortos devem ser excretados pelo cão. Normalmente, um único tratamento é suficiente. Se houver uma infestação mais grave, um exame mais aprofundado das fezes após quatro semanas determinará se o tratamento precisa de ser repetido ou não.

Deve agora falar com o seu veterinário sobre a profilaxia. Sugerirá a desparasitação regular de três em três meses. Desta forma é possível evitar uma infestação, por um lado, e parar uma infestação despercebida no tempo, por outro.

Também pode discutir com o seu veterinário quais os intervalos que são realmente sensatos para o seu amigo de quatro patas. Para alguns cães, por exemplo cães de caça, a desparasitação mensal pode ser necessária. Além disso, se houver crianças pequenas ou pessoas idosas a viver no seu agregado familiar, a desparasitação mensal deve ser considerada. A propósito, um tratamento de desparasitação não desenvolve um efeito a longo prazo. As substâncias activas são decompostas pelo organismo no prazo de 24 horas.

Cancro

Esta doença está também disseminada nos cães. Com o cancro, fala-se de um crescimento descontrolado das células. A força dos sintomas e se um cancro é curável ou não depende do tipo de cancro. Acredita-se que hoje em dia os cães domésticos têm cancro com mais frequência, mas este não é realmente o caso. Devido à medicina veterinária agora muito bem desenvolvida, todos os animais de estimação têm uma esperança de vida mais elevada do que há alguns anos atrás. E porque o risco de desenvolver cancro se torna maior com a idade, estes aumentam naturalmente.

A causa de todos os cancros ainda não foi exaustivamente investigada. A culpa pode ser das influências ambientais, mas também pode haver uma desordem no sistema imunitário que desencadeia o cancro. As alterações genéticas que ocorrem na reprodução, por exemplo, também podem ser uma causa.

Na maioria dos casos, não é fácil para um leigo, isto é, o dono do cão, reconhecer uma doença cancerígena. É provavelmente até bastante impossível. Um cão só mostra quaisquer sinais de não estar bem numa fase muito tardia. Esta circunstância é determinada geneticamente, porque numa matilha, os animais doentes são expulsos. Uma vez que o cão quer naturalmente atrasar este ponto no tempo, uma doença só é frequentemente notada quando já pode ser demasiado tarde.

É aqui que você, como cuidador do seu cão, é necessário. Só você conhece o seu amigo de quatro patas de baixo para cima e notará até os mais pequenos sinais de que algo está errado com o seu amigo de quatro patas. Não se deixe desencorajar e vá ao veterinário. Obter várias opiniões para estar do lado seguro.

Os sintomas que podem ocorrer são muitas vezes idênticos aos de outras doenças, pelo que o cancro não é geralmente considerado imediatamente. O seu cão pode sofrer de diarreia e vómitos, bem como desenvolver uma febre. É possível que o seu amigo de quatro patas se canse mais rapidamente porque a anemia pode ter-se instalado. Nas fases avançadas, pode haver uma perda de apetite e consequentemente uma perda de peso. Além disso, o seu cão pode deixar uma impressão depressiva.

Como se pode ver, todos estes sintomas não sugerem imediatamente cancro. Por conseguinte, se não for possível encontrar causas razoavelmente explicáveis, deve insistir para que o seu cão seja examinado para detectar cancro.

Se um cancro pode ser curado ou, pelo menos, permitir viver outra vida sem dor, depende inteiramente do tipo de cancro que é e até onde tem progredido. Por vezes é possível conter e retardar a doença, outras vezes não. Nesse caso, a única coisa a fazer é pôr o cão fora da sua miséria.

O tratamento possível poderia consistir quer em cirurgia, quimioterapia ou radioterapia. As terapias também podem ser combinadas umas com as outras.

Numa operação, o tecido afectado pelo cancro é removido. Isto é possível se o cancro ainda não se tiver propagado a outras partes do corpo ou se o tumor for benigno. Então há uma hipótese relativamente boa de o seu cão sobreviver e ainda ter alguns anos de vida à sua frente. No entanto, o cancro pode reacender-se repetidamente, pelo que os exames preventivos são necessários no futuro.

A quimioterapia é o tratamento do cancro com medicamentos. Este tratamento é utilizado para cancros que já afectaram partes do corpo ou o sangue circundantes. A quimioterapia também pode prevenir ou retardar a propagação do cancro, especialmente se o tumor-mãe pudesse ser previamente removido por cirurgia. Com este método, é preciso esperar efeitos secundários, que não podem ser insignificantes. Isto depende do tipo de cancro e do tratamento posterior.

A radioterapia é utilizada quando não existe a possibilidade de remover o tumor por cirurgia. Aqui, os raios radioactivos são utilizados para tentar destruir o cancro. Isto pode ser feito externamente ou as substâncias radioactivas são injectadas directamente no local do cancro. A radiação do exterior é geralmente realizada na cabeça ou nas pernas, uma vez que aqui o tecido menos saudável é afectado. Em outras partes do corpo, a radioactividade é injectada. Infelizmente, existem muito poucas clínicas veterinárias que dispõem de equipamento especial para radioterapia.

Com o cancro, o seu cão estará em sofrimento e dor. Se a doença já estiver muito avançada, a medicação apropriada pode aliviar a dor, mas não serve para aumentar a esperança de vida. Deve ponderar bem para o seu amigo de quatro patas o que pode esperar dele e infelizmente acabar com o sofrimento em algum momento.

Mas, felizmente, nem todo o cancro é igual à morte. Se houver uma hipótese de sucesso, mesmo que apenas por um certo período de tempo, deve sempre tentar-se dar ao animal mais alguns bons anos de vida.

Quando o cancro é diagnosticado e tratado, é importante fornecer ao seu animal de estimação o alimento certo. Na maioria das vezes, os cães afectados têm pouco apetite e sofrem uma perda de peso significativa. Peça conselhos ao seu veterinário sobre que comida oferecer e poderá ter um ás ou dois na manga para convencer o seu cão a comer.

Ninguém pode prever quanto tempo o seu amigo de quatro patas irá viver com um possível cancro. Muitos factores desempenham aqui um papel, tais como o outro estado geral de saúde do seu cão e, acima de tudo, que tipo de cancro é e até que ponto já progrediu. Deixe o seu animal de estimação viver uma vida aceitável, desde que seja possível e possa reconciliá-lo consigo mesmo e com o seu cão.

Doenças típicas da raça

O Rhodesian Ridgeback é basicamente considerado uma raça canina muito saudável. No entanto, em casos muito raros, a displasia da anca ou do cotovelo ocorre de tempos a tempos.

Displasia da anca

A displasia da anca (HD) é uma malformação genética da anca, que depois cresce tortuosa. Como resultado, a cabeça da articulação e a tomada da articulação não se encaixam de forma óptima e podem muitas vezes saltar de um lado para o outro. Além disso, a cartilagem é afectada e causa grandes dores ao longo do tempo. Se o HD permanecer sem tratamento, isto leva a alterações ósseas e artrose da articulação da anca. As raças de cães maiores são particularmente afectadas. Uma vez diagnosticada a DH pelo seu veterinário, tem de aceitar a ideia de que esta doença não pode ser curada. Na melhor das hipóteses, pode ser aliviada com terapias ou cirurgia. No entanto, isto também irá prevenir doenças secundárias que podem ocorrer com a DH não tratada.

É possível que o seu cão seja testado para HD numa fase inicial pelo seu veterinário. Pode então iniciar as terapias numa fase muito precoce para evitar algo pior.

Se observar os seguintes sintomas no seu cão, deverá consultar um veterinário para esclarecer a causa ou, se necessário, para que seja diagnosticada a DH:

- O seu cão tem um balanço da anca pronunciado quando caminha, a chamada torção LSÜ. É uma torção na coluna vertebral localizada entre a última vértebra lombar e o sacro (torção da junção lombossacral). Esta torção da anca é uma espécie de movimento compensatório para substituir o movimento de torção da articulação da anca.
- O seu cão desenvolve uma marcha de baloiço.
- Senta-se frequentemente durante as caminhadas.
- Ouvem-se claramente as rachaduras nas articulações.
- O seu cão mostra o chamado coelho a coxear quando corre rápido. Isto é expresso empurrando com ambas as pernas traseiras ao mesmo tempo.
- O seu amigo de quatro patas não gosta ou já não pode subir escadas.
- Ele mostra dor ao tocar na anca.
- As articulações da anca sentem-se quentes.
- As costas do seu cão estão tensas.
- Os músculos sentem-se duros e toda a musculatura encolhe.
- Ao mover a anca, o seu cão uivará e lamberá ou mordiscará nesta área.
- Ele treme frequentemente, calça excessivamente e descansa as pernas.
- O bocejo frequente e inexplicável ou o estalido indicam dor.
- O seu amigo de quatro patas tem dificuldade em deitar-se ou levantar-se.
- O seu cão está cansado rapidamente e tem uma maior necessidade de dormir.
- O seu querido já não gosta de andar e só se quer soltar por um curto período de tempo.

- As patas traseiras mostram uma posição X porque o seu cão as vira para dentro.

Se os sintomas aparecerem de repente, por exemplo, quando estiver a passear, é necessária uma acção imediata da sua parte, porque o seu cão estará provavelmente com dores fortes. Vá imediatamente para casa com o seu animal de estimação, ou melhor ainda, se possível, peça a alguém que o vá buscar de carro.

Se as articulações do seu cão estiverem inchadas, arrefeça-as com compressas húmidas. Isto trará algum alívio para o primeiro momento.

Agora deve visitar o seu veterinário o mais cedo possível. Uma vez que o seu cão provavelmente está com muitas dores, ele pode morder de medo. Este é um comportamento natural, o seu animal de estimação não é, de forma alguma, agressivo por natureza. Para sua protecção e a do veterinário, ponha um açaime no seu cão. Se não tiver uma, também pode usar uma funda de açaime.

Se o seu veterinário tiver definitivamente diagnosticado HD no seu cão, há várias opções de tratamento. Se a doença não tiver progredido muito, a terapia fisioterapêutica pode ser útil. Durante este tratamento, os tendões e ligamentos são reforçados. No curso seguinte, devem ser evitados fortes movimentos de impacto, tais como saltar ou correr, para que as articulações não fiquem sobrecarregadas. Isto significa naturalmente que não deve fazer nenhum desporto canino ou passear muito tempo com o seu cão. Como alternativa, pode ir nadar com o seu amigo de quatro patas. Estes movimentos na água são muito bons para todo o sistema músculo-esquelético. A dieta do seu cão também deve ser adaptada à doença, acrescentando suplementos que formem cartilagem. Estas podem ter um efeito protector sobre as articulações.

No entanto, se o HD já estiver numa fase avançada, você e o seu animal de estimação provavelmente não poderão evitar a cirurgia, pois de outra forma doenças secundárias são possíveis.

Se o seu cão ainda for muito novo e ainda não houver artrite nas articulações, é normalmente realizada a chamada osteotomia pélvica tripla. O veterinário realinha os ossos pélvicos do seu cão para evitar que a anca se desenvolva anormalmente. Para o fazer, os ossos têm de ser cortados em três lugares e colocados novamente juntos de forma adequada. São fixados com placas metálicas e, assim, voltam a crescer juntos.

Se o seu animal de estimação já pertence aos "modelos" mais antigos e é um adulto, uma articulação artificial da anca é normalmente inserida. Isto também é possível se a artrose já se tiver desenvolvido nas articulações. Nesta operação, a cabeça da junta e a tomada são substituídas por juntas artificiais feitas de metal e plástico e aparafusadas umas às outras.

Infelizmente, porém, a certa altura, a idade em que tal operação pode ser realizada é também ultrapassada. Quanto mais velho for o seu cão, maior é a probabilidade de ele não sobreviver a esta operação séria. No entanto, isto não significa que o seu animal de estimação tenha de ser posto a dormir. Talvez uma ressecção nervosa possa ajudar a dar ao seu cão mais alguns anos sem dor. Durante esta operação, os nervos são desligados para que não transmitam mais estímulos de dor. Isto permitirá ao seu cão viver o resto da sua vida sem dor, mas o HD continuará a progredir.

Independentemente do método de tratamento que escolher, o mesmo tem um custo significativo. O realinhamento dos ossos pélvicos pode custar cerca de 1.200 euros por lado e para uma articulação artificial da anca pode esperar pagar pelo menos 4.500 euros.

Não é possível prevenir a DH de forma alguma, porque se trata de uma doença hereditária.

Displasia do cotovelo

A displasia do cotovelo (DE) também é genética e não pode ser curada depois de ter ocorrido. Na melhor das hipóteses, o sofrimento pode ser aliviado e retardado por medidas cirúrgicas ou medicinais, a fim de manter a qualidade de vida.

A articulação do cotovelo é formada a partir do osso do antebraço e do osso do antebraço. Ambos os ossos encaixam perfeitamente juntos num estado saudável e podem mover-se sem causar fricção. Entre esta junta encontra-se uma cartilagem que serve como almofada adicional.

Mas se houver aqui uma anomalia, algumas partes da articulação esfregam-se umas contra as outras. Com o tempo, isto causa osteoartrose e leva a mais danos no osso e cartilagem. Inflamação e muita dor também podem ocorrer.

Tal anormalidade é geralmente genética e não pode ser evitada. Além disso, esta chamada DE não pode ser curada, só pode ser aliviada e o progresso pode ser retardado.

No entanto, outras causas podem promover esta DE determinada geneticamente. Por exemplo, se alimentar o seu cachorro com demasiada energia e ele crescer muito rapidamente, a DE pode desenvolver-se porque os ossos não se podem adaptar ao crescimento rápido. O resultado é uma malformação da articulação do cotovelo. Da mesma forma, um fornecimento excessivo de cálcio pode promover a DE. Mas o excesso de peso permanente ou uma carga elevada e unilateral a longo prazo nas juntas também pode ser a causa. Por conseguinte, deve certificar-se de que o seu cão recebe exercício variado.

A displasia do cotovelo é principalmente perceptível por uma relutância em se mover. O seu cão sentirá dor e, portanto, poderá não gostar de passear ou brincar. É também possível que o seu amigo de quatro patas seja coxo, talvez só de vez em quando e não permanentemente. Um cão afectado geralmente mordisca a articulação doente e pode ficar rígido nas articulações de manhã ou depois de se deitar durante muito tempo. Além disso, o seu cão evitará certos movimentos ou será muito relutante em fazê-los. Isto pode ser subir escadas, por exemplo, ou ele pode já não gostar de entrar no carro.

A articulação do cotovelo afectada é dolorosa quando se lhe toca. A mobilidade suave já não está presente e causa dor ao seu cão. Notará uma posição errada: Ou o seu amigo de quatro patas vira a pata para fora ou puxa a perna para perto do seu corpo.

Por favor, consulte imediatamente o seu veterinário se notar tais padrões de comportamento no seu cão.

O seu veterinário pode determinar com um raio-X se se trata de displasia do cotovelo ou se existem outras causas para as queixas.

Quando sofre de DE, podem ocorrer várias alterações no osso. Por exemplo, existe a doença coronoide, também conhecida como CD ou FCP. Além disso, é conhecida uma incongruência de cotovelo ou um processus anconeus isolado (IPA). A doença do compartimento medial e a osteocondrose também podem estar presentes. A fim de descobrir que ED está envolvido, é importante um raio-X ou uma tomografia computorizada.

FCP significa "Processo Coronoide Fragmentado". Aqui, as partes que suportam a carga do cúbito são afectadas. Os ossos e cartilagens são consideravelmente atacados e pode ocorrer uma nova formação de pequenos fragmentos de ossos ou cartilagens. A isto chama-se "processo coronoide fragmentado". Os sintomas variam muito de cão para cão. Em alguns aparecem muito tarde, mas normalmente as primeiras mudanças aparecem quando o cachorro está completamente crescido. Se o FCP tiver sido diagnosticado, a decisão entre cirurgia ou terapia convencional pode ser muito difícil. Se o seu cão só for intermitentemente coxo ou só mostrar dor ao levantar-se mas andar normalmente, a cirurgia pode não ser necessária. Seja como for, a artrose não pode ser evitada e um cão com poucos sintomas não andará como um veado jovem, mesmo após uma cirurgia. Pelo contrário: se o cão correr muito mal, a condição após uma operação é pior do que antes. No entanto, se houver uma coxeia clara e o animal sofrer de dor, uma operação deve, evidentemente, ser realizada. Aqui, os ossos expostos são então removidos para que a irritação da articulação seja reduzida. Isto também reduz a inflamação e alivia a dor. Contudo, se a artrose já estiver muito avançada, esta é geralmente a causa da coxeio. Uma operação sob a forma de endoscopia articular só traz uma melhoria a curto prazo dos sintomas, porque a artrose continuará a progredir. As terapias de acompanhamento são então necessárias. Antes de mais, deve prestar atenção ao peso do seu cão e reduzi-lo a um nível normal. Não deixe o seu cão fazer mais desportos. Não deve continuar a saltar ou a fazer outros movimentos bruscos. No entanto, é permitido nadar, bem como correr sobre uma superfície macia adaptada à doença. No curso seguinte, deve fazer fisioterapia com o seu cão para que o sistema músculo-esquelético permaneça intacto e os músculos sejam preservados. Se houver fases de dor intensa, o seu veterinário dar-lhe-á um analgésico adequado que poderá administrar durante um curto período de tempo. Existem também vários suplementos alimentares que não curam a osteoartrite, mas que podem ser capazes de a atrasar um pouco em certos casos. Fale com o seu veterinário sobre a possibilidade de injectar ácido hialurónico na articulação. Ele irá aconselhá-lo apropriadamente sobre isto. Talvez, se tudo o resto falhar, a medicina alternativa, geralmente homeopática, também possa ser considerada. No entanto, não deve confiar apenas nisto, uma vez que não existem relatórios prováveis de tratamento fiável. Mas como um suplemento ou apoio à medicina convencional, é certamente concebível.

A incongruência do cotovelo está presente quando o cúbito e o raio não se encaixam exactamente e não estão, portanto, à mesma altura. Se o espaço comum não for do mesmo tamanho nos pontos correspondentes, esta incongruência ocorre. Forma-se um degrau no osso, que danifica a articulação e a sobrecarrega em algumas áreas. Isto, por sua vez, causa inflamação e, no curso seguinte, desenvolve-se a artrose. Também aqui, a cirurgia é normalmente necessária.

Se um processo isolado anconeus (IPA) tiver sido diagnosticado, significa que um processo ósseo não cresceu no ulna. Esta parte óssea solta faz com que a articulação fique extremamente irritada a longo prazo e a artrose se desenvolva num período de tempo muito curto. Muitas vezes ambas as juntas são afectadas. O cão não é necessariamente coxo, mas mostra uma clara rigidez ao andar. No IPS, a parte do osso que não cresceu é removida ou aparafusada de novo durante uma operação.

Na osteocondrose (OCD), partes da cartilagem na articulação morrem. Isto pode acontecer devido a uma deficiência no fornecimento de nutrientes. A cartilagem morta causa a inflamação da articulação. À medida que a doença progride, o osso pode eventualmente ficar completamente exposto e a cartilagem em falta já não pode actuar como um amortecedor de choques ou proporcionar um movimento suave da articulação. A artrose dolorosa pode desenvolver-se rapidamente e a articulação é destruída ao longo do tempo. É realizada uma operação para garantir que se possa formar cartilagem de substituição. É claro que isto não é um substituto completo da cartilagem original, mas os ossos deixam então de estar expostos e ficam mais bem protegidos durante os movimentos.

Todas estas doenças apresentadas são na realidade independentes, mas estão agrupadas como displasia do cotovelo, porque em todos os casos é uma malformação da articulação do cotovelo e no final surgem consequências semelhantes, tais como inflamação da articulação e artrose. Além disso, nenhuma destas formas da doença pode ser curada, só pode ser aliviada ou adiada.

O seu veterinário pode diagnosticar a DE a partir de um raio-x. Em algumas associações de criadores este exame é obrigatório, uma vez que se trata de uma doença hereditária. No entanto, a DE só é frequentemente diagnosticada quando o cão já está coxo.

O tratamento adequado depende da forma da DE e do seu grau de avanço.

Hipotiroidismo

Em casos raros, o hipotiroidismo (SDU) tem sido descrito nesta raça. A glândula tiróide produz hormonas que são importantes para o metabolismo energético. Se isto não funcionar correctamente, quase todos os órgãos do corpo são afectados e também não podem funcionar correctamente. Na SDU, também conhecida como hipotiroidismo, a hormona "tiroxina" (T4) produzida pela glândula tiróide ou não é secretada de todo ou em quantidades demasiado pequenas. Isto pode ter consequências de grande alcance.

É normalmente precedida por uma inflamação não detectada da glândula tiróide. Também pode ser crónico e os sintomas só aparecem quando já é demasiado tarde. Na maioria dos casos, partes consideráveis do tecido da tiróide já foram danificadas.

Outra possibilidade, embora muito rara, seria uma reacção auto-imune do corpo do cão. Neste caso, são formados anticorpos contra a glândula tiróide e esta é rejeitada. Os tumores também podem desencadear uma glândula tiróide subactiva.

Estes tipos de hipotiroidismo são chamados verdadeiro hipotiroidismo e são irreversíveis. A medicação é necessária para o resto da vida da pessoa. O hipotiroidismo causado pela deficiência de iodo ou a administração de certos medicamentos volta normalmente ao normal logo que a deficiência de iodo tenha sido eliminada ou a medicação tenha sido descontinuada. Depois, o equilíbrio hormonal da glândula tiróide também se regula novamente.

Infelizmente, os sintomas do hipotiroidismo só são reconhecidos muito tardiamente, uma vez que progride muito gradualmente. Em alguns cães, são visíveis sintomas notáveis, em outros nenhum ou muito poucos.

Como possíveis indicações de hipotiroidismo, deverá considerar os seguintes sintomas e aconselhar o seu veterinário em conformidade:

- Problemas com a pele e o casaco
    - Comichão
    - camada leve à queda do cabelo
    - casaco sem brilho e desgrenhado

- - Crescimento de cabelo reduzido ou excessivo
  - Escala
  - Pele seca
  - Infecções na pele
  - Mudanças na cor do casaco
  - Úlceras corneanas e espessamento da camada corneana
  - garras frágeis
- Além disso, podem ocorrer as seguintes alterações de comportamento:
  - inquietude indeterminada
  - Diminui a concentração
  - Início rápido da fadiga e relutância em mover-se
  - Diminui a condição
  - propenso ao stress
  - movimentos estereotipados (movimentos de rotação constante, balanço para a frente e para trás, cabeça a balançar)
  - excitação rápida
  - agressão atípica
  - Flutuação do estado de espírito
  - maior necessidade de sono
  - Letargia (reactividade tardia, apatia, falta de energia)
- Os seguintes sintomas são concebíveis no estado geral:
  - Sensibilidade ao frio
  - maior apetência
  - aumento da sede
  - Retenção de água
  - Depósitos de gordura nos olhos
  - Dor nas articulações
  - cicatrização deficiente de feridas
  - O sentido do olfacto e do paladar diminuem
  - Aumento de peso

Um diagnóstico pode ser feito através de um exame especial do sangue. Aqui são testados os vários valores da glândula tiróide. Contudo, o momento deste exame deve ser bem escolhido, porque um calor ou uma gravidez e mesmo uma vacinação recente podem alterar o hemograma e reflectir falsos valores da tiróide. Em cães mais velhos, tal análise ao sangue deve ser feita a intervalos regulares, uma vez que a SDU é mais comum em animais de meia-idade.

Uma vez confirmado o diagnóstico de hipotiroidismo, este é tratado com uma chamada terapia de substituição. Isto significa que as hormonas que já não são produzidas pela glândula tiróide são fornecidas com medicamentos. Várias semanas podem passar antes de ocorrer uma melhoria, e a dosagem futura deve ser regularmente verificada através de novas análises ao sangue. A administração da medicação prescrita deve ser acompanhada de muito perto. Normalmente tem de ser administrado de 12 em 12 horas. O cão deve estar em jejum, o que significa que deve dar a medicação meia hora antes de comer ou cerca de três horas depois. Uma nova amostra de sangue deve ser colhida cerca de seis horas após a administração do medicamento. Neste caso, a dieta deve também ser verificada e ajustada, se necessário. O conteúdo de iodo desempenha aqui um papel importante. O seu veterinário irá informá-lo sobre isto e aconselhá-lo.

Se o seu amigo de quatro patas estiver bem ajustado à medicação, os sintomas devem diminuir com o tempo e o seu cão pode levar uma vida despreocupada.

Além disso, não existem doenças hereditárias conhecidas no Rhodesian Ridgeback. Com uma criação adequada, nutrição e visitas regulares ao veterinário, o Rhodesian Ridack pode facilmente atingir uma idade de 12 anos.

Vacinas

Cada cão deve ser sempre vacinado contra certas doenças. O seu Rhodesian Ridgeback não é excepção. Aprenderá que vacinas estão envolvidas, quando e porque são administradas, durante as próximas linhas.

As vacinações que são sempre dadas são chamadas vacinas básicas. Onde vive ou o estilo da sua vida não tem influência sobre se estas vacinas são ou não necessárias. Trata-se da saúde do seu "ridgie" e, portanto, não deve passar sem estas vacinas. Por vezes, por exemplo, se quiser ir de férias com o seu amigo de quatro patas, elas são mesmo exigidas por lei.

Estas vacinas básicas podem proporcionar protecção por até sete anos. No entanto, muitos veterinários querem dar vacinações anuais de reforço. Aqui pode ter uma conversa esclarecedora com o seu veterinário sobre se isto é realmente necessário. Por exemplo, se não viver numa área em risco, um impulsionador pode não ser realmente necessário até muito mais tarde. Neste caso, o risco de efeitos secundários deve ser ponderado em função do benefício da vacinação. Se necessário, uma análise ao sangue pode também determinar quantos anticorpos estão presentes no seu cão.

A primeira coisa a mencionar é a vacinação contra **a raiva.** Esta doença já quase não ocorre, mas isto não é menos importante devido a uma boa imunização dos cães. Com esta vacinação, são administrados agentes patogénicos da raiva mortos, que garantem uma protecção vacinal de até três anos. Este período aplica-se principalmente aos cães que vivem numa área que não está em risco. Se vive numa área onde a raiva foi detectada com mais frequência em animais selvagens, recomenda-se uma vacinação anual. Ao viajar com o seu cão, precisa de saber quanto tempo passou desde a sua última vacinação contra a raiva. Por vezes, são apenas 12 meses. A melhor maneira de descobrir é perguntar ao seu veterinário.

Se o seu Rhodesian Ridgeback for infectado com este agente patogénico, quase sempre leva à morte. Na maioria dos casos, o cérebro fica inflamado, o que por sua vez leva a défices neurológicos tais como paralisia e alterações comportamentais. O seu cão salivará muito, e pode também ocorrer uma agressão inexplicável. Uma vez que a raiva também pode ser transmitida aos humanos, é ainda mais importante que o seu cão seja imunizado contra ela.

Além disso, o seu amigo de quatro patas deve ser vacinado contra **a têmpera.** No passado, muitos cães morreram de têmpera até que a vacinação foi introduzida nos anos 60.

A têmpera canina é uma infecção viral altamente contagiosa e propaga-se através da infecção por gotículas. Se não houver protecção vacinal, os cães de qualquer idade podem ser infectados. Os primeiros sintomas aparecem após cerca de 3 a 7 dias. O seu amigo de quatro patas irá sofrer de febre alta, bem como de diarreia e vómitos. Notará perda de apetite e uma descarga do nariz e dos olhos.

Uma vez que cada cão reage de forma diferente a doenças, podem ocorrer cursos suaves mas também muito severos com consequências fatais. Este é especialmente o caso dos cachorros ou cães muito velhos, uma vez que o sistema imunitário já não funciona ou não funciona correctamente.

O vírus da têmpera também pode sobreviver durante anos no tecido nervoso do corpo do cão e só causar problemas de saúde muito mais tarde. É precisamente por esta razão que a vacinação contra a têmpera é tão importante.

A vacinação contra **a hepatite contagiosa canis (HCC)** também é importante. Trata-se de uma inflamação contagiosa do fígado que frequentemente leva à morte de cães não vacinados. É apenas graças à elevada taxa de vacinação que esta doença praticamente já não ocorre.

A infecção de um cão não vacinado pode acontecer rapidamente, por exemplo, se ele tiver comido comida ou água contaminada com urina de outros animais. O vírus também pode sobreviver fora de um corpo durante vários meses. Os agentes patogénicos encontram o seu caminho através da nasofaringe do seu amigo de quatro patas e são distribuídos no corpo através dos gânglios linfáticos.

Após a infecção, pode ocorrer febre ou perda de apetite dentro de cerca de sete dias. A multiplicação do vírus no corpo pode desencadear danos consideráveis nas células, que por sua vez podem danificar todos os órgãos. Também ocorrem consequências a longo prazo, tais como inflamação crónica do fígado ou danos nos olhos.

A **doença do cão de Stuttgart (leptospirose)** também pode ser transmitida aos seres humanos. Por conseguinte, esta vacinação deve ser repetida anualmente após a imunização de base. A leptospirose é desencadeada por bactérias que podem ser encontradas em poças, por exemplo. Encontra-se em todo o mundo, especialmente em animais selvagens. Uma vez que o seu Rhodesian Ridgeback poderia saciar a sua sede sem ser notado por uma poça, esta vacinação é fortemente recomendada.

As bactérias entram pela boca ou garganta e propagam-se através da corrente sanguínea no animal infectado. Desta forma, atingem todos os órgãos e podem causar danos graves que podem levar à morte em cães não vacinados.

A parvovirose, que é causada por um vírus, só se tornou conhecida no final dos anos 70. Ocorreu simultaneamente nos EUA e na Austrália e é transmissível através do contacto directo com um animal infectado e é altamente contagioso.

Os cães cujo sistema imunitário está enfraquecido são particularmente susceptíveis. Portanto, a vacinação básica deve ser feita quando o cão é um cachorro, e mesmo os cães vacinados podem contrair a doença do cão de Stuttgart se o seu sistema de defesa não estiver a funcionar correctamente.

Cerca de sete dias após a infecção, podem aparecer os primeiros sintomas, tais como exaustão, febre muito alta e vómitos. Se ocorrer um curso agudo de parvovirose, há frequentemente uma inflamação do intestino delgado e uma perda de fluidos e sangue que põe em risco a vida. A morte pode ocorrer dentro de um dia se o músculo cardíaco também for afectado.

Este vírus é muito resistente e pode permanecer contagioso por até meio ano. São necessários desinfectantes especiais para o matar; os desinfectantes convencionais não são suficientes aqui.

A imunização básica começa na oitava semana de vida do seu "Ridgie". Depois é dada a primeira vacinação contra a distemperose, parvovirose, leptospirose e HCC. Na 12ª semana, estas quatro vacinas são repetidas e, além disso, a raiva é vacinada. Na 16ª semana de vida, a distemperose, parvovirose e HCC são novamente vacinadas e a raiva é vacinada uma segunda vez. No 15º mês de vida, todas as vacinações são actualizadas. Para mais vacinas de reforço, peça conselhos ao seu veterinário sobre quando e quais as imunizações que são necessárias.

Seguro de saúde

É claro que as companhias de seguros querem ter lucro. Por conseguinte, normalmente paga mais em prémios de seguro, distribuídos ao longo da vida do cão, do que o veterinário lhe custaria. Mas não se deve tomar a decisão tão facilmente. A menos que tenha um saldo de crédito que lhe permita cobrir mesmo uma conta veterinária muito elevada em qualquer altura, o factor tempo desempenha um papel. Um seguro de saúde veterinário cobrirá todos os custos após apenas alguns meses. O conselho de poupar um montante correspondente ao prémio todos os meses não tem qualquer utilidade se o seu cão sofrer um acidente grave em tenra idade. Nenhum hospital veterinário concordará em pagar o tratamento em pequenas prestações durante 10 anos.

Além disso, pode ter a infelicidade de o seu cão ficar doente e muitos tratamentos dispendiosos são necessários. Nesses casos, o seguro é muitas vezes mais barato. No entanto, observe de perto as tarifas. Antes de mais, há a distinção entre seguro de saúde global, seguro de custos cirúrgicos e seguro de acidentes.

Um seguro de saúde abrangente cobre todos os custos veterinários necessários, mas normalmente apenas uma parte dos custos das vacinas. Algumas empresas não cobrem os exames puros, por exemplo para um certificado sanitário. As tarifas são relativamente caras. Há normalmente um limite de idade para a subscrição da apólice. Em alguns casos, existem limites máximos de prestações ou é acordada uma franquia por ano ou por diagnóstico. Como regra, a cobertura do seguro depende de o seu cão receber certas vacinas. Além disso, os benefícios totais só são normalmente pagos após um período de espera. Os tratamentos que se tornam necessários como resultado de um acidente que ocorreu após a conclusão do contrato são normalmente cobertos pela empresa imediatamente.

O seguro de custos de cirurgia é significativamente mais barato, mas muitas vezes apenas os custos de cirurgia pura são cobertos. Algumas tarifas cobrem também os custos de exames pré e pós-cirúrgicos, bem como de medicamentos. Também são possíveis períodos de espera e limites máximos de benefícios. No entanto, é muitas vezes possível fazer um seguro para animais mais velhos.

Com o seguro de **acidentes,** as companhias de seguros só cobrem os custos de tratamento que se tornem necessários em consequência de um acidente. As tarifas são muito favoráveis, não há período de espera e não há limite de idade.

Atenção: A tabela de honorários dos veterinários (GOT) permite ao médico cobrar até três vezes o valor de base de um serviço. Muitas vezes, as empresas cobrem apenas a taxa única. Por conseguinte, mesmo com seguro completo, só poderá ser reembolsado parcialmente da conta do médico.

Castração

Se deve ou não mandar esterilizar o seu Rhodesian Ridgeback depende inteiramente do que planeia fazer com ele. Se quiser criar mais descendentes

com o seu cão macho ou fêmea, por exemplo, porque o potencial progenitor em sua posse tem excelentes qualidades de reprodução, a esterilização não é, evidentemente, aconselhável. No entanto, se mantiver o seu Rhodesian Ridgeback como um cão puramente recreativo, a esterilização faz sentido para um cão macho. É preciso imaginar que um cão macho desneutrado está sempre "sob pressão". Ele gostaria de se reproduzir, que é o seu instinto natural, mas não lhe é permitido. Agora haverá provavelmente muitos outros machos, ou pelo menos animais machos, e especialmente cães fêmeas no seu ambiente.

O que acha que acontecerá se o seu cão macho "sob pressão" encontrar uma senhora simpática que também possa estar em cio? Se outro cão macho cruzar o caminho, os argumentos são inevitáveis. O seu cão macho, tal como o outro, quer dominar e haverá lutas e mordeduras. O seu cão fará isto uma e outra vez e dificilmente conseguirá controlá-lo com bom treino.

Portanto, faça algo de bom pelo seu cão macho e mande esterilizá-lo. Sentir-se-á melhor e ficará mais calmo porque já não está "sob pressão". A sua verdadeira natureza será muito mais pronunciada e poderá treiná-lo melhor e mais facilmente. Se o seu cão macho estiver prematuramente desenvolvido e já parecer muito dominante no início da sua maturidade sexual, deverá tê-lo castrado nesta tenra idade. Isto pode ser tão cedo quanto 6 a 10 meses de idade e é absolutamente normal para um Rhodisian Ridgeback. Por vezes, porém, um "Ridgie" é muito silencioso, reservado ou temeroso. Neste caso, deve esperar um pouco mais antes de o esterilizar, para que ele possa desenvolver-se um pouco mais.

As cadelas também devem ser esterilizadas a menos que se destinem a ser utilizadas para reprodução. De facto, as cabras Rhodesian Ridgeback podem muito frequentemente sofrer de uma falsa gravidez. Até as glândulas mamárias podem inchar. A sua cadela pode sofrer de depressão, apatia, bem como de desânimo durante esta falsa gravidez e também se torna muito melancólica. O cão, de resto alegre e exuberante, é de repente apenas uma pilha de miséria... e isto repete-se a cada poucas semanas e piora a cada cio subsequente. Além disso, o risco de desenvolver cancro uterino ou mamário é muito elevado. Por conseguinte, uma cadela deve ser cuspida após o seu primeiro calor. Se o útero não apresentar quaisquer anomalias, não é removido, mas apenas os ovários. Desta forma, a bexiga mantém o seu porão e não se pode afundar. Após esta operação, não haverá mais calor e as queixas associadas.

Treino de cães para o adulto Rhodesian Ridgeback

Como qualquer outro cão, o seu Rhodesian Ridgeback deve, naturalmente, desfrutar de bom treino. Isto começa tão cedo como cachorrinho, mas pode ler mais sobre isso mais tarde. Nas linhas seguintes pode ler sobre como manter o seu cão adulto ocupado e ensinar-lhe mais truques. Um Rhodesian Ridgeback já foi um cão de caça e tinha muitas tarefas. Ele costumava guardar a casa e o quintal, ajudar o seu dono a caçar e cuidar do gado. Hoje em dia, o "Ridgie" já não tem tais ocupações e, por isso, deve fornecer tarefas apropriadas para que o seu amigo de quatro patas se mantenha ocupado.

Claro que isto não significa que tenha de brincar constantemente com o seu Ridgeback, mas um pouco de trabalho para a cabeça e corpo está em ordem. Isto assegurará um bom desenvolvimento e um sistema músculo-esquelético saudável. O sistema cardiovascular permanece estável e intacto e os músculos são reforçados. Isto também se aplica ao sistema imunitário. Se isto funcionar correctamente, o cão é menos susceptível a doenças. Além disso, a criatividade e o pensamento são promovidos e, o que também é muito importante, a ligação entre si e o seu amigo de quatro patas, através da qual ele aprende a confiar em si como o líder da matilha.

Antes de começar com jogos ou treino, o seu cão deve ser capaz de digerir a sua refeição durante pelo menos meia hora. Certifique-se também de que ele está acordado e bem descansado, caso contrário terá pouco sucesso. Talvez o seu Rhodesian Ridgeback venha ter consigo e queira jogar. Se assim for, é bem-vindo a cumprir este pedido.

Tente também descobrir se o seu cão gosta de aceitar guloseimas como recompensa e quais as que ele mais gosta. Um "suborno" tão pequeno poderia ser útil para se aprender um truque. Ou talvez o seu cão goste muito de um certo brinquedo, que ele aceita como recompensa. Não exagere com a formação, sempre uma coisa atrás da outra, caso contrário, mesmo um "Ridgie" ficará rapidamente sobrecarregado e perderá o interesse. E acima de tudo... nem todos os cães gostam de brincar ou aprender tudo. Um cão gosta de perseguir uma bola, o outro não. Este cão adora saltar obstáculos, mas esse cão não tem qualquer interesse nele e acha-o aborrecido e inútil. Se notar que o seu amigo de quatro patas não se está a divertir, então deixe-o e tente outra coisa.

Também não exagere nos exercícios, porque o seu cão também pode ficar com os músculos doridos.

Encontrará alguns exemplos nas linhas que se seguem. Talvez haja algo para o seu amigo de quatro patas.

FORMAÇÃO CORPORAL

O seu Rhodesian Ridgeback é um cão de caça e irá certamente adorar qualquer tipo de exercício. Por exemplo, depois de ter aprendido, pode deixá-lo correr bem de bicicleta ou mesmo de cavalo.

Mas o treino direccionado é também importante para manter os músculos. Há muitos tipos de aptidão física que podem ajudar aqui. Os músculos protegem os ossos e as articulações e asseguram uma boa mobilidade. A frequência com que se faz tal treino por semana depende inteiramente do seu cão. Afinal, quer que ele se divirta, por isso talvez possa incorporá-lo nas suas caminhadas. Desta forma, não haverá tédio.

Mas o que se entende por tal treino de fitness? As linhas seguintes explicam-no.

Se quiser torná-lo um pouco mais "profissional", arranje uma ou duas das chamadas almofadas de equilíbrio. Coloque o seu cão numa destas almofadas com as suas patas dianteiras e traseiras. Agora deixem-no alternar entre "sentar" e "levantar". Estes exercícios sobre uma almofada de equilíbrio fortalecem os músculos dos quartos traseiros. Tente deixar o seu cão fazer os exercícios lentamente e repeti-los algumas vezes. Duas a três vezes por semana pode sair destas almofadas de equilíbrio e treinar com elas, desde que o seu amigo de quatro patas goste.

Quando estiveres por aí com o teu "Ridgie", podes deixá-lo correr sobre troncos de árvores ou fazê-lo saltar sobre pequenos obstáculos. Mesmo um "correr à volta da árvore" pode ser muito divertido. Não se esqueça das recompensas, então é ainda mais excitante lidar com troncos de árvores e outras madeiras.

Pode mesmo cuidar da sua própria aptidão física em viagem. Experimente um lunge e deixe o seu cão correr através das suas pernas. Dobra um pouco os joelhos e mantém a parte superior do corpo o mais direita possível. Agora, deixe o seu cão correr e levante-se direito de novo. Use a força das suas coxas e músculos das nádegas. Este exercício dar-lhe-á coxas tonificadas e uma nádega firme e o seu cão mobilizará a sua coluna vertebral.

Os agachamentos também são bons para envolver o seu cão. O seu amigo de quatro patas fica de pé nas patas traseiras e apoia as patas dianteiras nas suas mãos ou nos seus ombros, dependendo do tamanho do seu cão. Agora, dobre lentamente os joelhos, levando consigo o peso do seu cão. Depois endireitar-se novamente. Este exercício é benéfico para os seus músculos das costas, pernas e nádegas. Para o seu "Ridgie", os músculos das pernas traseiras, da frente e das costas são reforçados.

Portanto, há mais alguns exercícios que pode fazer juntamente com o seu cão. Aqui quase não há limites para a sua própria imaginação.

FORMAÇÃO EM INTELIGÊNCIA

Cada cão tem uma certa inteligência. Em alguns mais, em outros menos. Mas você e o seu cão podem trabalhar com toda a inteligência existente e aprender sempre algo novo.

Os jogos de busca, por exemplo, são adequados para cada cão. Claro, o seu amigo de quatro patas também se deve divertir aqui, caso contrário não terá sucesso.

Por exemplo, esconda um mimo ou o brinquedo favorito do seu cão e depois deixe-o encontrá-lo.

A propósito, pequenos jogos com guloseimas são especialmente populares entre os cães, porque a recompensa pelo sucesso do jogo vem logo a seguir.

Que tal o famoso "jogo da concha"? Pegar em três chávenas e esconder um mimo debaixo de uma. O seu amigo de quatro patas vigia-o. Agora movam as chávenas entre si e deixem que a vossa nariz peludo encontre a que tem a guloseima certa.

Um jogo para a cabecinha também não pode fazer mal. Leve consigo o brinquedo preferido do seu cão no seu próximo passeio. Quando chegar a um local adequado, deite-o fora, mas não permita que o seu amigo de quatro patas o vá buscar. Basta caminhar com ele. Fique curioso se o seu "Ridgie" se lembrar que deixou o brinquedo para trás no caminho de regresso. Se assim for, ele vai querer procurá-lo lá, o que é claro que agora lhe permite fazer. Se ele se esquecer, lembre-o e deixe-o procurar o brinquedo.

Também não há limites para a sua imaginação quando se trata de tais jogos. Experimente com o seu Rhodesian Ridgeback o que ele gosta ou o que ele não gosta. E se algo não funcionar de imediato, é só tentar uma segunda vez.

FORMAÇÃO DIVERTIDA

O treino divertido, ou um jogo divertido, deve antes de mais ser divertido, claro, mas também promover o corpo e a mente.

Estes incluem, por exemplo, agilidade, saltos de cavaletti, jogos de golfe para cães ou frisbee. Existem muitas outras ofertas, mas iria além do âmbito deste guia listar todas elas aqui. Mas algumas delas são aqui apresentadas.

A palavra "agilidade" significa "mobilidade". O seu cão tem de ultrapassar um percurso com obstáculos. Naturalmente, isto tem de ser feito sem erros numa determinada ordem e dentro de um determinado tempo. Não lhe é permitido conduzir o seu amigo de quatro patas com trela, mas deve mostrar-lhe o caminho utilizando sinais manuais ou de chamada. Entretanto, são também realizadas competições para este tipo de desporto. O seu cão aprende a confiar em si e a seguir as suas instruções. Ao mesmo tempo, o seu cão torna-se activo e mantém o seu corpo em forma.

Cavaletti jumping treina os músculos do seu cão de uma forma muito orientada. Além disso, a resiliência do seu cão é reforçada e a sua resistência é promovida. A capacidade de equilíbrio também é treinada. No entanto, saltar sobre cavaletti é um desporto suave, porque os obstáculos são muito baixos. Também não há necessidade de fazer curvas difíceis. No entanto, aqui é necessária muita concentração, pelo que a cabeça também tem de funcionar. Outra coisa boa sobre este desporto é que você mesmo pode fazer cavaletti. São feitos de postes de plástico ou madeira e são colocados em suportes baixos. Devem ser concebidos de tal forma que o seu cão possa também percebê-los como obstáculos. A Cavalettis pode ser colorida, se quiser. Dois pequenos baldes e uma vassoura também são suficientes. Colocar vários desses obstáculos em linha recta e ultrapassá-los juntamente com o seu amigo de quatro patas. A rapidez ou a lentidão com que se faz isto depende inteiramente de si e do seu cão. Em primeiro lugar e acima de tudo, deve ser divertido. Talvez também se possa combinar os saltos de cavaletti com outros jogos.

O golfe Doggi é adequado para todos ou para cada cão. Aqui, também, a diversão vem primeiro. É derivado do mini-golfe, mas em vez de um taco, o nariz do cão é usado para impulsionar a bola. A bola tem cerca de 8-10 cm de tamanho e tem de ser conduzida para um buraco de tamanho apropriado. O jogo pode ser jogado em equipa com vários cães e manipuladores ou sozinho com o próprio cão contra outra equipa de cães humanos. Aqui, o tempo é decisivo para o vencedor. Existem diferentes percursos com diferentes obstáculos em torno dos quais a bola tem de ser conduzida para o buraco do alvo. Tem de dar aqui instruções ao seu cão sobre onde empurrar a bola. Isto reforça a ligação entre os dois, por um lado, e a destreza do seu cão, por outro. Também pode criar rapidamente tais "pistas" em casa, simplesmente montando alguns obstáculos, tais como baldes ou caixas de cartão, em torno dos quais o seu amigo de quatro patas tem de manobrar a bola.

Os jogos de frisbee são muito divertidos se o seu cão gosta de correr atrás de um disco desses, apanhá-lo e trazê-lo de volta para si. Este desporto oferece uma pequena mudança em relação ao clássico de recuperação de uma bola. Um Frisbee cão parece um disco de Frisbee convencional. Assim também pode usar um desses para brincar. Caso contrário, é bastante simples: atira o disco de Frisbee e o seu amigo de quatro patas apanha-o em voo e trá-lo de volta para si. Este desporto é bom para a resistência, destreza, reacção e velocidade do seu cão. Contudo, este desporto não é adequado para um cachorro, uma vez que tais movimentos articulados podem danificar o aparelho ósseo do pequeno cão. Este desporto também não é bom para os animais que têm problemas com os seus ossos, articulações e tendões.

FORMAÇÃO DE CLICKER

O treino com clicker é ideal se quiser aprender novos comandos ou truques com o seu cão. Aqui, o seu amigo de quatro patas é motivado por um sinal sonoro (clique) e uma recompensa associada (o seu amigo de quatro patas espera que, após o clique, execute uma acção que deseja (comando, truque). Para iniciar a formação de clicker, é necessário o chamado clicker, também conhecido como clicker frog, e muitos, claro, guloseimas saudáveis.

    O som do clicker é sempre o mesmo, ao contrário da sua voz, que pode flutuar. Se a sua mente estiver noutro lugar, a sua voz pode estar muito calada, e se estiver zangado por dentro, esta raiva também soará na sua voz. Além disso, o seu dedo pode operar o clicker muito mais rapidamente do que tem elogiado. Isto porque isto deve acontecer muito precisamente com a correcta conclusão do exercício. É por isso que um clicker é uma ferramenta muito útil no treino de cães, porque o clicker diz ao seu cão que ele fez bem a sua tarefa e que está prestes a receber uma recompensa por isso. No entanto, o seu amigo de quatro patas deve ser condicionado ao clicker, o que significa que deve aprender a esperar a sua recompensa no clicker, e só então.

    É claro que primeiro deve dominar este instrumento você mesmo. Pratique utilizando o clicker num momento específico, só então poderá começar a treinar o seu cão. O seu amigo de quatro patas também tem de o aprender primeiro. No final, o clicker deve dizer ao cão: "Isso foi óptimo, agora vem a recompensa". Uma vez que o seu animal de estimação saiba, já não é difícil treinar mais para novos comandos e truques.

DESPORTOS CANINOS

Como o seu Rhodesian Ridgeback é um fanático do exercício, todos os desportos caninos são basicamente muito adequados para ele. Claro, pode ser que ele ame muito um desporto mas não consiga lidar com outro de todo. Neste caso, ambos têm simplesmente de experimentar onde residem os pontos fortes do seu amigo de quatro patas. Depois de ter encontrado uma ou mais actividades, terá muita variedade com ele. Mas aqui, também, não exagere. O seu cão também precisa de ser capaz e autorizado a ser apenas um cão, para variar. Obtenha agora uma breve visão geral dos diferentes tipos de desporto para cães.

Mantrailing

O mantrailing exige trenós como o seu "Ridgie". Este desporto vem, como poderia ser de outra forma, da América. Aqui um cão é suposto seguir uma pessoa ("homem"). O cão tem a capacidade de seguir um certo rasto de cheiro ao longo de muitos quilómetros. Tais cães de busca são também utilizados pela polícia e pelos serviços de salvamento.

Neste desporto, os cães são treinados para se tornarem verdadeiros especialistas, porque no final serão capazes de reconhecer um certo cheiro humano de muitos outros cheiros e segui-lo.

O Mantrailing é adequado para quase todos os cães, porque promove e desafia a capacidade natural de cheirar. Contudo, uma vez que farejar um cheiro especial é um trabalho muito extenuante que pode levar muitas horas, o seu amigo de quatro patas deve estar um pouco em forma física. Na esfera privada, no entanto, quase não existem restrições.

Formação de Obediência

Durante este treino, as capacidades de obediência do seu Rhodesian Ridgeback são postas à prova ou treinadas. O seu amigo de quatro patas aprende a seguir incondicionalmente as suas ordens. É necessário trabalho de equipa entre si e o seu cão, uma vez que têm de percorrer um determinado percurso em conjunto.

Em obediência, o perfeito "andar de calcanhar" é desejado e treinado. O seu amigo de quatro patas deve "colar-se" à sua perna e ainda olhar para si com atenção. Certamente já viu algo assim antes com um cão da polícia. Além disso, o seu amigo peludo aprende a sentar-se ou deitar-se correctamente, também a partir de um movimento. As mudanças de posição entre "sit",

"down" e "stay" são praticadas, assim como o seguimento e execução de comandos à distância. O espectro é muito amplo e é muito divertido.

Treibball

Aqui o seu cão trabalha com oito bolas de diferentes tamanhos, que têm de ser levadas para uma baliza num tempo pré-definido. Apoia-o com as suas ordens. Também aqui é necessário trabalho de equipa e obediência, assim como confiança entre si.

Dogdancing

Já alguma vez colocou o seu amigo de quatro patas na pista de dança? Não? Então é tempo de dançar o cão. Trabalha uma coreografia com o seu "Ridgie" que se enquadra na música que escolheu. Aqui pode acrescentar pequenos truques que se adequam às capacidades do seu cão.

Puxar o desporto de cão

Vários desportos estão agrupados sob o título de desportos de puxar cães. Provavelmente está familiarizado com os desportos de cães de trenó. Há também o joring de bicicleta, em que o seu cão o puxa numa bicicleta. Na esquiaria, é puxado em esquis pelo seu amigo de quatro patas. Este é um excelente desporto para cães que gostam de correr, tais como o Rhodesian Ridgeback.

Canicross

Se você também for muito desportista, o canicross pode ser o desporto certo para ambos. Aqui está ligado ao seu cão por uma trela com uma correia de barriga e deixa-o puxá-lo através do terreno. Se não gostar tanto de correr, pode levar um pouco mais de facilidade e tentar fazer caminhadas cani.

Com o tempo, descobrirá que há muito mais desportos agradáveis para si e para o seu Rhodesian Ridgeback. Se o seu cão for saudável e fisicamente apto, pode experimentar um ou outro e ver onde residem os pontos fortes do seu cão.

O QUE DEVE SER EVITADO

Muito pode ser mal feito em todos os desportos, mas também no treino de um cão. Acima de tudo, não se deve exagerar. Se notar que o seu cão está a ficar cansado e apático, pare os exercícios e tente novamente mais tarde.

Ao treinar o seu cão, deve abster-se de castigar o seu cão se este não lhe obedecer. Isto leva a uma perda de confiança e o seu amigo de quatro patas torna-se inseguro e temeroso. Mas ninguém quer um cão medroso ao seu lado.

Procure primeiro a falha em si próprio. Pode ser que não tenha dado o comando correctamente ou que os sinais da sua mão não correspondam. O seu cão pode não o compreender com precisão e está, portanto, a agir erradamente aos seus olhos.

Pratique com ele utilizando o sistema de recompensa. Se o seu amigo de quatro patas agir de acordo com os seus desejos, recompense-o extensivamente. Também pode usar aqui guloseimas. Se o seu cão não trabalhar de forma satisfatória, ignore-o e repita o exercício.

A formação com um clicker provou ser muito eficaz. Aqui, o seu cão é treinado e motivado através de um reforço secundário, o clicker, para o reforço primário, o tratamento. Pode ler sobre como isto funciona num capítulo anterior.

Seja sempre autoritário em relação ao seu cão. É o líder da matilha que mostra a direcção. Uma vez decretada a proibição, esta permanece assim. Isto também se aplica a regras que tenha estabelecido. Nunca os mude. Caso contrário, perderá credibilidade com o seu cão e a dada altura ele deixará de obedecer às suas ordens. Ele só tem de esperar o tempo suficiente para que você atire as suas proibições e regras borda fora.

Dê instruções claras ao seu cão e não lhe conte romances. Caso contrário, o seu cão não o compreenderá e não obedecerá às suas ordens. Portanto, certifique-se de que o seu comando faz sentido para o cão juntamente com a sua postura corporal, as suas expressões faciais e o seu tom de voz. O uso de um apito ou clicker de cão é também aconselhável aqui. As suas ordens devem ser curtas, sem muito alarido. Evite declarações do tipo: "Vamos, Fiffi, para podermos ir comer". O comando "Vem" é suficiente, tudo o resto é apenas "blá-blá" para o seu amigo de quatro patas.

Em todas as medidas de treino, o contacto social com outros cães é muito importante para o seu cão. Não o isole em circunstância alguma porque pensa que ele pode morder-se ou algo semelhante, mas certifique-se de que ele pode brincar com outros cães. Se não tiver esta oportunidade, os problemas de comportamento mais tarde na vida não são invulgares, porque inevitavelmente irá encontrar cães estranhos em algum momento. E só agora surgirão problemas se o seu amigo de quatro patas não tiver aprendido a dar-se bem com outros cães.

Se tiver alguma dúvida sobre como treinar o seu "Ridgie", contacte o seu veterinário em confiança ou encontre uma boa escola de cães na sua área. Aqui obterá respostas competentes a todas as suas perguntas.

COMPRAS PARA O CÃO

Deve estar disponível algum equipamento básico para o cão. Isto dá-lhe a oportunidade de atribuir imediatamente áreas e coisas que são para o cãozinho.

Tigelas e local de dormir

Não, não importa o quanto um cachorro chora e implora, não deve dormir na cama. Quando ele se muda para sua casa, os seus dias de bebé acabaram. Tem de aprender onde está o seu lugar no pacote. A utilização de locais elevados, tais como camas, poltronas e sofás, só é permitida para membros de alto nível do grupo, ou seja, humanos. O cão precisa, portanto, do seu próprio cesto ou cama desde o primeiro dia.

Lembre-se que os cestos feitos de vime real são difíceis de manter limpos. Além disso, muitos cães mastigaram o seu cesto durante a mudança de dentes. Uma cama de cão lavável é, portanto, uma solução melhor. Mas compre uma cama enorme, mesmo que tenha a impressão de que o cachorro se vai perder nela. Construa um ninho de um cobertor de velo na cama do cão se tiver a impressão de que uma cama grande é assustadora para ele.

Um Rodesiano adulto tem um comprimento de costas até 70 cm e uma altura de ombro de 70 cm, pelo que a cama deve ter dimensões internas de 90 por 70 cm. Claro que, muitas vezes, os cães enroscam-se durante o sono. Muitas pessoas também o fazem, mas dificilmente ficariam entusiasmadas se a sua cama tivesse apenas 120 x 60 cm. Um cão deve também ser capaz de se deitar na cama numa posição relaxada sem arquear as suas costas ou dobrar as suas pernas.

Quando um cachorro se muda consigo, precisa de almofadas absorventes. Estes estão disponíveis como almofadas para cachorros em lojas de animais de estimação ou como almofadas para incontinência em drogarias. As almofadas são utilizadas para que o cãozinho possa fazer o seu negócio em casa sem causar danos. Pequenos percalços acontecem a toda a hora no início. Estes tapetes também são bons para proteger a cama se o seu cão ficar muito molhado. São também extremamente úteis para o treino de treino de formação.

O seu Rhodesian Ridgeback também precisa de tigelas de comida e tigelas de água feitas de cerâmica ou pedra. Estes materiais são pesados, pelo que o cão não pode facilmente deitar a tigela abaixo. Ao contrário do metal ou plástico, são insípidos e não libertam toxinas, desde que o esmalte seja seguro para os alimentos. Cuidado: Cerâmicas coloridas do estrangeiro normalmente não o são. Idealmente, as tigelas são adequadas para máquinas de lavar louça.

Fotografia 5: As nossas tigelas são de cerâmica extra.

De acordo com o tamanho que os cães atingem, as tigelas devem conter cerca de 3/4 litros. No entanto, as tigelas rasas são mais adequadas para cachorros pequenos.

Arnês de peito e trela

Diz-se repetidamente que um colarinho é melhor e mais prático do que um arnês. Além disso, um cão não podia ser conduzido sobre um arnês.

Colocar um colarinho é, claro, mais rápido. Com um cachorro que ainda tem de ser treinado em casa, pode fazer sentido ter uma coleira à mão para emergências. Mas também se pode levar o pequeno malandro para fora, deixá-lo fazer a sua casa de banho e depois colocar o arnês. Um cachorro não foge tão depressa.

Coloque-se na posição do cão. Ele quer correr para algo e você impede-o de o fazer com um colarinho e uma trela. O colarinho está a sufocá-lo e ele sente-se ameaçado. Ele resiste à coisa que o sufoca e puxa com todas as suas forças. Isto assusta-o ainda mais e também causa agressão. Puxar contra a resistência é um instinto que os humanos também têm. Tenta-se afastar-se do que o prende.

O pequenote vai sair-se ainda pior se ouvir os conselhos de um "perito em cães" e tentar dar algum sentido ao cão, puxando a trela. Um puxão forte na coleira pode partir o pescoço de um cão pequeno.

Idealmente, um arnês de cão tem um amplo escudo peitoral em Y com um anel para prender a trela. Tiras largas almofadadas são fixadas ao topo do escudo, que se fundem na secção posterior. Um outro ilhó está ligado a isto. Uma alça que corre atrás das pernas da frente fecha o sistema. Com um pouco de prática, pode colocar tal arnês tão rapidamente como um colarinho. Só precisa de ser ajustado ao tamanho do cão. O arreio é também adequado para encurvar o cão no carro. Se prender a trela ao escudo peitoral, tem o seu cão bem sob controlo e pode evitar puxões fortes.

Importante: Independentemente de ser uma coleira ou uma trela, tire-a do cão assim que estiver no apartamento. Isto protege o belo pêlo do cão.

Comprar uma trela com 2 metros de comprimento e feita de uma cinta de nylon. É forte e leve. A maior vantagem de tais trelas é que pode usá-las de muitas maneiras. O seu cão pode mover-se livremente sobre ele num raio de cerca de 150 cm, tem-no imediatamente sob controlo se ele tentar fugir, e também é adequado para treino se o seu cão puxar o tempo todo.

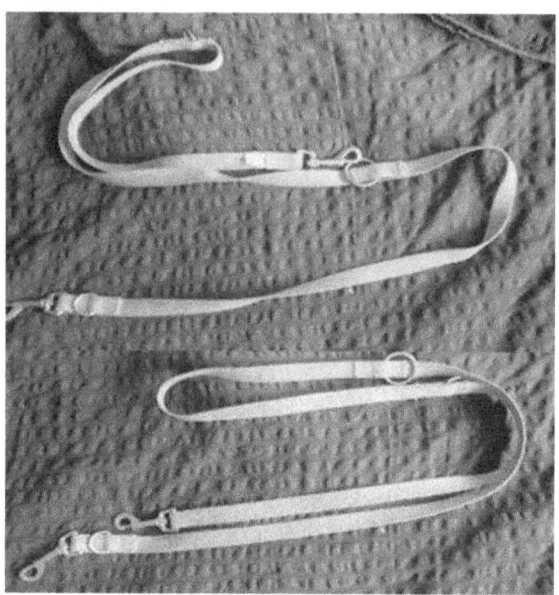

Figura 6Como usamos a nossa trela de forma óptima, ©

Muitos donos de cães compram uma trela automática que pode ser estendida até um comprimento de 5 metros. Eles assumem erroneamente que o cão tem mais espaço para se mover do que com uma trela curta. Mas isto não é verdade, porque o cão corre à frente até que a trela esteja esticada. Ele não usa a liberdade, mas simplesmente caminha à sua frente a uma maior distância.

Ao mesmo tempo, isto significa que eles têm menos controlo sobre ele. Por exemplo, não é possível puxar o seu cão tão perto de si num único movimento que lhe possa tocar com as mãos. Na prática, esta trela irá tornar o seu cão inseguro e possivelmente até agressivo.

Suponha que encontra um cão estranho. É o líder do grupo e tem de esclarecer a situação. No entanto, o seu cão está muito à sua frente e parte do princípio de que ele é agora procurado.

O seu instinto é exibir-se de uma certa forma. Ele vai cerzir o pêlo e mostrar os dentes como um sinal de que é grande e forte. De vez em quando, os cães tomam uma posição diferente, deitam-se de barriga para baixo prontos a saltar para mostrar que não querem atacar, mas ripostarão se for necessário.

Uma retirada gradual em marcha atrás é impensável para ele. Isto significa, por um lado, que ele limpa o campo e, por outro lado, que permanece numa espécie de posição de ataque face ao "adversário". Uma situação que confunde os dois cães. Isto é exactamente o que se faz ao cão quando o puxamos cada vez mais para mais perto de nós com vários movimentos, até que nos tenhamos voltado a pôr a trela comprida. O seu cão tem um adversário à sua frente e um "inimigo" às suas costas, forçando-o a fazer um gesto que é completamente regressivo demais para a sua natureza. Muitos cães criam e começam a ladrar como loucos. Um acto de desespero, porque o cão não compreende o que está a acontecer.

Com a trela de 2 metros, o seu cão caminha cerca de um metro à sua frente. Nesta situação, basta continuar a andar e encurtar a trela, enrolando-a à volta da mão enquanto caminha. Desta forma, retarda-se o movimento do cão se ele quiser ir mais longe e aproximar-se dele ao mesmo tempo. Fica ao seu lado ou mesmo à sua frente e mostra-lhe que está a esclarecer a situação.

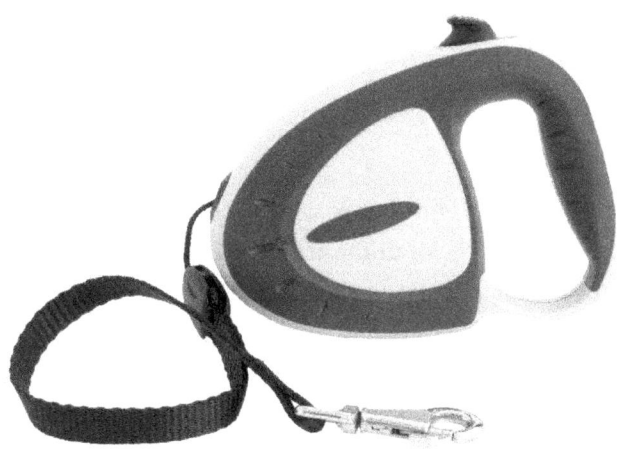

Ilustração 7: Tais linhas automáticas não fazem tão bem.

Ilustração 8: Uma trela sólida é melhor.

Geralmente, a utilização de trelas automáticas significa que o cão tem de lutar permanentemente contra uma resistência. Não há nenhuma vantagem em ficar perto de si, porque o puxão irritante da trela permanece. Poupe a experiência ao seu cão. Estas trelas não significam qualquer ganho em liberdade, mas são stress permanente para o animal.

Produtos de manutenção

Para o aliciamento, obtenha uma escova de cabelo com cerdas firmes de diferentes comprimentos. Isto irá durar até ao início da primeira mudança de revestimento. É usado para habituar o cão a ser escovado. É também importante ter um pente com dentes largos, que é usado principalmente para apanhar carraças, e um pente de pulgas para verificar regularmente a existência de pulgas. Pode comprar uma escova de depenar com pontas arredondadas mais tarde, quando a mudança de casaco começa.

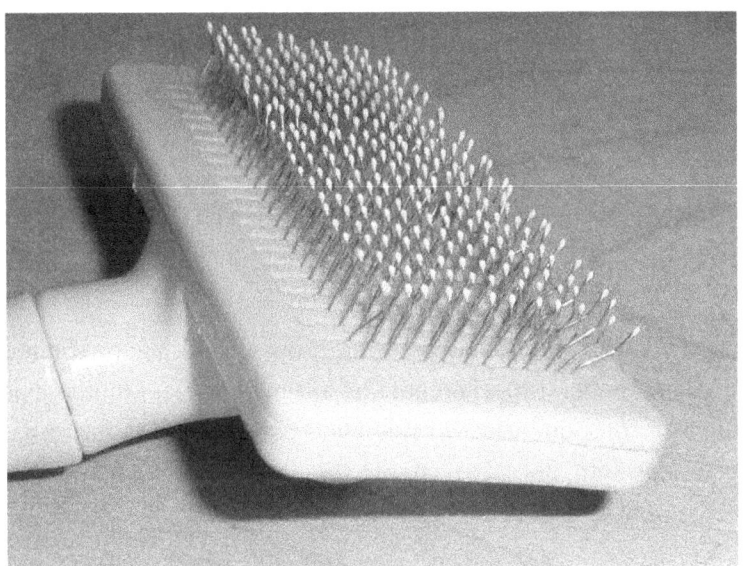

Fotografia 9: O nosso pincel de depenar é essencial, ©

Uma vez que o seu cão provavelmente só aceitará cuidados dentários se já estiver habituado a ele como cachorro, as camas de dentes e a pasta de dentes para cão também devem estar em casa antes de o cão se mudar para cá.

Formação de cachorros

CONHECIMENTOS BÁSICOS DE FORMAÇÃO DE CACHORROS

Para criar um cachorro adequadamente, é necessário algum conhecimento, que agora irá aprender. Especialmente no início, pode fazer muitas coisas erradas, o que terá consequências consideráveis para a sua vida futura com o seu novo amigo. Portanto, demore bastante tempo e não tenha medo de procurar ajuda profissional se ficar retido.

As primeiras semanas

Agora chegou o momento e escolheu um pequeno Rhodesian Ridgeback de um criador de renome. Claro que um cobertor acolhedor num canto sossegado espera por ele na sua nova casa e uma caixa com brinquedos está pronta para ele brincar. Um arnês bem ajustado e uma trela também estão prontos para os primeiros passeios. Mas como irá o seu novo amigo reagir ao novo ambiente? Lembre-se que está agora a separá-lo da sua mãe e das suas companheiras de parto e uma vida completamente nova está a começar para ele.

Provavelmente o cachorrinho vai ficar assustado e stressado no início. Pode também uivar durante toda a viagem de regresso a casa. Por conseguinte, deve certificar-se de que a sua casa está calma e relaxada quando chega. Uma vez chegado a casa, o seu cão terá primeiro de se orientar. Mostre-lhe calmamente o seu lugar e a sua área de jantar e deixe-o correr sozinho para farejar tudo. Depois pode oferecer-lhe a sua primeira refeição na sua nova casa.

Se possível, dê ao seu cachorro a mesma comida que recebeu do seu criador. Uma mudança deve acontecer mais tarde e não de repente. Será tranquilizador para o seu cachorro se ele souber quando vai receber comida. Por isso, fixe os tempos e deixe que se desenvolva uma rotina. Dividir a ração diária em quatro refeições.

Se tiver sorte, o seu amiguinho instalar-se-á rapidamente, mas poderá também passar algumas noites sem dormir porque sente muito a falta da sua mãe e dos seus irmãos e chora muito em resultado disso.

Pode ser aconselhável utilizar uma caixa para cães nas primeiras noites. Coloque-o de forma a que o seu cão o possa ver e cheirar. Desta forma, no entanto, não pode correr sem controlo no apartamento e prejudicar-se a si próprio. Acima de tudo, o seu mobiliário será poupado.

Especialmente os primeiros dias e semanas num novo ambiente irão moldar o seu cãozinho. Se possível, não o deixe sozinho por muito tempo, porque então está a expô-lo a uma situação de grande stress. Pode desenvolver um medo de estar sozinho e começar a destruir os seus móveis ou outros objectos. Se mais tarde for inevitável que o seu cão tenha de ficar sozinho durante o dia porque tem de ir trabalhar, prepare-o lentamente para isso.

Brincar juntos também faz parte da criação de um cachorro e promove a ligação entre vocês os dois. Aqui as primeiras regras já estão estabelecidas e devem ser seguidas.

Habitue o seu cachorro a ruídos estranhos numa fase inicial. Esta poderia ser a campainha da porta ou o secador de cabelo, por exemplo. Ele deve conhecer tudo o que se passa no apartamento e arredores para que não tenha de suportar quaisquer medos.

Levem-no frequentemente para fora para que conheça diferentes superfícies e conheça outras criaturas.

Também deve habituar-se a andar de carro com o seu cachorrinho numa fase precoce. O mais tardar quando for ao veterinário pela primeira vez, terá de andar no carro consigo.

Comece também imediatamente a preparar, etc. Deixe o seu amigo saber como é ser tocado de cima para baixo por si e que não é mau.

Cada pessoa do seu agregado familiar deve criar laços com o novo membro da família. Certifique-se de que todos passam tempo a alimentar o cachorro, levando-o para fora ou escovando o seu pêlo.

Cada acção, não importa quão pequena, deve ser recompensada. O seu pequeno amigo aprende melhor através de experiências tão positivas.

OS GESTOS E EXPRESSÕES FACIAIS DO CACHORRO

Interpretar o cão e a linguagem corporal do seu cão pode, por vezes, ser muito excitante e interessante. Isto dá-lhe a oportunidade de avaliar bem o seu Rhodesian Ridgeback em várias situações e de agir com a previsão em conformidade. A literatura especializada oferece material suficiente sobre o assunto ou pode visitar uma escola de cães onde será instruído e pode tranquilizar-se repetidamente.

O cão não tem nenhum traço agressivo, mas é muito inteligente, doce e sempre pronto a aprender coisas novas. Por estas razões, não é particularmente difícil treinar esta raça. Como com qualquer outro cão, deve-se ter o cuidado de assegurar que ele tenha contacto regular com outros cães. A boa socialização é extremamente importante. Depois de se ter mudado para a sua nova casa, deve ser amorosamente integrado na rotina diária e introduzido a outros animais que vivem na casa e às crianças. É importante para o seu desenvolvimento que ele tenha sobretudo boas experiências. O tempo que passar com o seu novo animal de estimação será compensado mais tarde.

Os cachorros têm uma variedade de gestos para se fazerem notar - não só - entre os seus pares. Eles não são apenas bons em gestos e linguagem corporal, mas também em expressões faciais, que utilizam para comunicar com outros cães. Desta forma demonstram que têm fome, medo ou exigem carinho.

Se o cão ainda pequeno olhar rigidamente numa direcção e as pupilas estiverem apertadas, este é um gesto ameaçador. No mundo canino, fala-se também do chamado "mau-olhado". Isto significa que o cão não parece "limpo" e pode morder sem aviso prévio.

O cachorro constrói-se especialmente a si próprio: Se o cachorro se sentir particularmente corajoso ou mostrar lados agressivos, ele construir-se-á a si próprio e tornar-se-á grande. As orelhas e a cauda são então erguidas. Provavelmente, ele irá levantar o peito e levantar os pêlos do pescoço e das costas. Também pode abanar suavemente a cauda quando rosna - um sinal de insegurança.

O cachorro faz-se muito pequeno: se um cão é submisso, ele faz-se o mais pequeno possível para aparecer como um cachorro. A sua esperança é que a sua contraparte o deixe em paz, porque os cães adultos, por exemplo, repreenderão os cachorros mas nunca os atacarão e morderão. Quando os cachorros são submissos, geralmente enrolam-se de lado no chão, seguram a cauda muito achatada e abanam-na tentativamente. Por vezes tentarão lamber a cara do cão superior ou cuidador. Em situações mais extremas, deitar-se-ão completamente de costas, expondo a sua garganta.

Fotografia 10: O cachorro faz-se muito pequeno.

Abanar a cauda é muitas vezes interpretado como um sinal de simpatia e alegria. Mas tem sido frequentemente observado um abanar exagerado em cães submissos. Assim, o abanar pode também ter vários significados:

Se o cão abana lentamente e a cauda é relativamente rígida, o cão fica furioso. Se a cauda estiver enfiada entre as pernas traseiras, isto é um sinal de medo. Os cães inquietos ou nervosos por vezes seguram a cauda para baixo e abanam-na apenas sugestivamente.

A forma como os cães transportam a sua cauda varia de raça para raça. Em geral, pode dizer-se que uma cauda que está num ângulo superior a 45 graus para trás representa alerta e interesse.

O rosto e as expressões faciais de um cachorro podem revelar muito sobre o seu estado de espírito actual. O cachorro está assustado? Ele está entusiasmado? Ele quer jogar? Estas e outras emoções podem ser reconhecidas e actuadas através das expressões faciais. Se os ouvidos estiverem apontados para a frente, isso significa que o cachorro está alerta e a ouvir. Se, por outro lado, as orelhas estão achatadas contra a cabeça, isto pode expressar alegria, bem como indicar medo. A fim de "ler" correctamente o ambiente, deve prestar atenção a outros sinais e colocá-los num contexto comum.

Se observar que os olhos estão apenas ligeiramente fechados, isto é geralmente um sinal de alegria ou aceitação de que é o "líder da matilha". No entanto, se os olhos estiverem bem abertos, o cachorro está alerta e em "alerta". A natureza organizou-a de tal forma que os cães, quando se encontram e estabelecem a hierarquia entre si, olham-se nos olhos uns dos outros até que o mais fraco ceda e se retira. Os especialistas em cães também aconselham este tipo de comportamento no treino de cachorros: numa situação de instabilidade, olhar para o cachorro até que este se afaste do olhar e se retire.

Comandos - Sit, Down & Co.

Os primeiros comandos que o seu amiguinho precisa de aprender são "sentar", "descer", "ficar", "vir" e "sair". Mas por favor não os faça todos de uma só vez, isso irá correr mal. Comece com um comando e só quando este for dominado, pratique o segundo.

Escolher o momento certo para praticar. Se o seu bebé estiver cansado ou apático, não vale a pena. Praticar várias vezes ao dia, mas apenas por um curto período de tempo. Caso contrário, irá sobrecarregar o cãozinho. Habitue-se a um tom de voz calmo e nunca castigue o seu cão.

Trabalhe com recompensas quando há uma execução correcta do seu comando. Isto continua a ser formativo e o seu cão aprende. Ignore-o se não agiu correctamente e repita o exercício sem comentários. Não tem muito tempo para recompensar ou ignorar. Deve fazer isto imediatamente após a acção do seu cão. Portanto, dê o tratamento imediatamente quando o comando tiver sido executado e interrompa o jogo, por exemplo, se o seu amigo de quatro patas ficar demasiado selvagem ou até morder.

Pare sempre quando o seu exercício for coroado de sucesso. Isto torna a aprendizagem muito mais divertida e o que foi aprendido será recordado.

Nunca use o nome do seu cachorro como um comando. Muitos donos de cães fazem isto mal. Muitas vezes o nome é usado para dizer ao cão: "Vem ter comigo". No entanto, quando chama o seu cão pelo seu nome, é para chamar a sua atenção. Quando chama o nome, o seu cachorro olha para si e agora pode dizer o comando que deseja. Na melhor das hipóteses, o seu cão também o executará, claro, se já o tiver aprendido.

A experiência tem demonstrado que não é fácil ensinar o seu cachorro a sentar-se quando se dá o comando. Leve muito tempo e acima de tudo paciência quando quiser ensinar algo ao seu cachorro. Seja também muito consistente, porque não ajuda o seu cão se fizer uma coisa num momento e outra no momento seguinte.

Para o comando "Sit", proceder como se segue: Primeiro, atraia o seu cachorro para si, de preferência com uma guloseima se ele ainda não reagir adequadamente ao seu nome. Segure-o um pouco mais alto para que ele olhe para si. Agora dê o comando "Sentar". Para que o seu cachorro possa ficar de olho na guloseima, ele provavelmente mudar-se-á para uma posição sentada. Agora elogie-o profusamente e dê-lhe o prazer. Se ele quiser saltar para cima de si, diga "Não" e repita o exercício.

Ensina-lhe o comando "Não" "pelo caminho", porque há sempre, especialmente no início, situações que são indesejáveis. Se apanhar o seu cachorro em tal situação, diga "Não" num tom de voz mais agudo para parar o comportamento. A sua postura nesse momento é também muito crucial. Agora distraia o seu cachorro da sua intenção original e também recompense-o imediatamente quando a distracção tiver sido bem sucedida. Desta forma, o pequeno amigo de quatro patas aprende que "não" significa o fim.

O comando "Venha" é também muito importante, afinal de contas, é preciso ser capaz de cancelar facilmente o seu cão em qualquer situação. Quando o seu cão olha para si, ajoelhe-se e atraia-o para si. Use o comando "Come" para o fazer. Elogie e recompense o seu amigo quando ele vier realmente ter consigo. Desta forma, se o seu cão obedecer ao comando, ele saberá em breve que pode esperar algo saboroso de si. Mas se, em vez disso, fugir, não corra atrás dele. É mais provável que isto se transforme num divertido jogo de perseguição para o seu cachorro e conseguirá exactamente o oposto.

Para o comando "Sentar", tome um mimo na sua mão fechada. Perto do chão, mova-o para a frente e para trás em frente ao nariz do seu cão e dê o comando "Sente-se". Se o seu cão se deitar porque quer a guloseima, elogie-o e dê-lhe a guloseima.

É importante com todos os exercícios que se treina em pequenos passos. Leve o seu tempo, tenha calma e seja consistente. Também pode ser útil utilizar sinais manuais apropriados, para além de comandos verbais. Então o seu projecto será certamente bem sucedido.

Como praticar "Sentar

Mostre ao seu cão uma guloseima enquanto está de pé à sua frente. Segure-o acima da cabeça para que ele tenha de o levantar com força para o observar. A maioria dos cães senta-se para conforto porque é mais fácil manter um olho na guloseima enquanto se senta. Também pode pressionar suavemente na extremidade traseira se o seu Rhodesian Ridgeback não se sentar.

Certifique-se de que o seu cão não tem de se sentar numa poça ou num vidro partido. Ele confia em si. Se o comando for desconfortável para ele, ele irá geralmente procurar onde se sentar no futuro.

Só recompensa o cão quando se senta, ou seja, a sua extremidade traseira toca no chão. Assim que o seu cão tiver compreendido o comando, pratique "Sente-se" com ele quando ele estiver ao seu lado. Mais tarde também o deve fazer quando se dá o comando à distância.

Figura 11: Sinal visual "Sit

É assim que o cachorro aprende o comando "Sit!

- Os cachorros jovens que ainda não tiveram qualquer experiência com exercícios de aprendizagem compreendem os comandos "Sentar" e "Abaixar" muito rapidamente.
- Para "Sentar", tomar uma guloseima entre o polegar e o dedo médio.
- Mover a mão com a guloseima para cima para além do seu nariz.
- Assim que as nádegas se moverem em direcção ao chão, dê o comando "Sente-se!
- Se o cachorro se sentar mas depois tentar ficar de pé nas patas traseiras, o comportamento deve ser parado com um "Não" afiado.
- Quando o cachorro tiver sentado, a recompensa é dada imediatamente.
- Esperar mais tempo de cada vez antes de dar um mimo.
- Após algumas sessões de treino, diga o comando "Sente-se" sem um mimo, pois o cachorro só deve responder ao sinal da mão.

Lugar

Fotografia 12Um cão Rhodesian Ridgeback dá espaço.

Com este comando puxa-se o Rhodesian Ridgeback ainda mais enfaticamente, porque leva mais tempo a levantar-se da posição que tem de tomar quando está sentado. Correctamente executado, ele deita-se de barriga para baixo com as pernas da frente esticadas.

Nota: Não sobrestimar o tempo de atraso. Quando o seu cão quer, ele está de pé e a correr num instante. Está a construir uma barreira mental, não uma barreira física. O seu cão deve desobedecer activamente ao seu comando antes de correr. Isto impede-o frequentemente de fugir de forma incontrolável. Se reagir rapidamente, pode normalmente detê-lo com um comando antes que lhe aconteça algum dano ou que algo lhe aconteça.

Pode começar a treinar o comando logo que o Rhodesian Ridgeback tenha dominado o comando "Sit". Tem de aceitar que não está autorizado a levantar-se, pelo que a sua extremidade traseira deve permanecer no chão.

Pegue numa guloseima na sua mão e traga-a para perto do chão em frente ao seu Rhodesian Ridgeback. Segure-o na mão. O seu Rhodesian Ridgeback deve ser capaz de o cheirar. Ao repetir o comando "Sentar", proibi-lo de se levantar para receber o tratamento.

Deve, portanto, deitar-se no chão com as pernas da frente esticadas para alcançar o prazer sem se levantar. Diga "Down" assim que ele se deitar e recompense o cão.

Quando tiver dominado "Sentar" e "Abaixar", combine o exercício com "Ficar". Com este último, proíbe o seu cão de o seguir. Contudo, ele pode decidir por si próprio se se levanta, senta ou deita-se. Com a combinação de comandos também se determina a postura em que ele tem de ficar.

Aumentar a dificuldade saltando à frente do cão, atirando uma bola ou andando à sua volta. Mas não exagere. Se o seu Rhodesian Ridgeback quiser levantar-se, reenvie-o para "Sit", mas cancele o comando após alguns segundos.

É assim que o cachorro aprende o comando "Sit!

- Uma vez que o cão tenha assentado no seu lugar ou cobertor, pode acariciá-lo enquanto diz "Sente-se" vezes sem conta. Desta forma, associa a palavra "sentar" a uma experiência positiva.

- Assim que repara que o cachorro está cansado, atrai-o para o seu cesto, por exemplo, com uma guloseima. Se ele se deitar no cesto, repete a palavra "Sentar".
- Depois de repetir este exercício durante algum tempo, o passo seguinte é tentar enviar o cachorro para o seu cobertor ou cesto apenas dizendo a palavra "sentar". Se isto acontecer sem mais problemas, então um grande elogio é devido.

Figura 13: Sinal visual "Lugar

Recolha

Recuperar também envolve a entrega da sua "presa" pelo cão. Esta parte do exercício faz sentido. Afinal, nem sempre tem de reagir com uma proibição severa "fora" quando o seu Rhodesian Ridgeback detém algo na sua captura que lhe queira tirar. Tente uma troca.

Ofereça um mimo ao cão e diga "pousa-o". O seu Rhodesian Ridgeback é livre de decidir se aceita ou não o tratamento. Se ele quiser tomá-lo, terá de pousar o que tem na boca. Dar ao cão a guloseima e alcançar imediatamente o objecto de troca. Sob nenhuma circunstância o seu cão deve ter ambos.

Figura 14: Sinal visual "Off"

Formação em caixas e gaiolas de transporte

Uma caixa de cão pode ser útil, especialmente na idade de cachorro. Quer seja para que as primeiras noites sejam passadas lá perto, para que o cão bebé não tenha de ficar sozinho noutro quarto, ou para o proteger de perigos na casa que ainda não tenha conhecido. A primeira viagem ao veterinário poderia também ter lugar numa caixa de transporte, pelo que o seu amiguinho deveria ter contacto com ela numa fase precoce. Além disso, tal caixa de transporte também pode ser bem utilizada no carro numa idade adulta para levar o amigo de quatro patas em segurança do ponto A para o ponto B.

Para habituar o seu cão a uma tal "jaula de cão", coloque a caixa num local adequado na sua casa. Agora ponha guloseimas ou comida seca no interior. No início, apenas junto à porta e uma pequena quantidade. Mais tarde, coloque as guloseimas completamente na gaiola para que o seu amigo de quatro patas tenha de ir até à caixa para chegar às guloseimas. Se o timing parecer apropriado, coloque uma quantidade maior de comida para prolongar o tempo de permanência do seu animal na gaiola. Após algum tempo, pode tentar fechar a porta. No entanto, mantenha sempre um olho no seu cachorro e permaneça visivelmente perto dele. Afinal, ele não deve sentir medo ou ter a sensação de estar abandonado.

Este treino em gaiola pode ser bem feito quando o seu pequeno amigo está cansado. Se ele se deitar para dormir, leve-o para a sua caixa. Fique com ele até adormecer tranquilamente. Ignorar qualquer gritaria tardia até ele se ter acalmado. Depois deixem-no sair e elogiem-no.

No futuro, pode ser muito útil se o seu cachorro aprender desde cedo que tal gaiola não é perigosa para ele, mas sim significa segurança para ele.

Socialização

A socialização adequada é extremamente importante para um cachorro, caso contrário, ele não se dará bem com outros cães ou pessoas. Aqui aprende o comportamento certo, especialmente para agir sempre amigavelmente para com outros seres vivos. Se isto já for feito em cachorrinho, ele será tão amigável e sociável como um cão adulto.

A fase preparatória da socialização dos cachorros é muito curta. Começa por volta da segunda semana de vida e termina com cerca de 14 semanas. Por isso, muita responsabilidade já recai aqui sobre o criador. Durante este tempo, os cachorros ficam a conhecer o seu ambiente social e onde se podem sentir seguros. Se já tiverem muito contacto com as pessoas, não terão medo dos grandes amigos de duas patas mais tarde. É importante que o cãozinho possa reunir muitas experiências positivas para que mais tarde seja auto-confiante mas também curioso.

Na primeira fase da socialização, o novo membro da família está familiarizado com todos os seres vivos no seu novo ambiente. As pessoas que estão sempre muito próximas dele devem passar muito tempo com o bebé e construir uma relação com ele. Os animais de estimação existentes devem ser cuidadosamente introduzidos na nova adição à família. Desta forma, o seu cachorrinho aprenderá rapidamente que não precisa de ter medo. Talvez se abrace em breve num cesto com o seu gato de estimação.

A segunda fase é utilizada para conhecer tudo o resto no seu ambiente. Normalmente, o seu cachorro escondia-se debaixo do sofá com medo quando se liga o aspirador. É realmente terrivelmente alto e ameaçador. Vá lenta e cuidadosamente, mostre-lhe o aparelho e deixe-o farejá-lo. Ele aprenderá rapidamente que não tem de prestar atenção ao aspirador de pó e a outros aparelhos ruidosos. Além disso, passearmos juntos proporcionará sempre oportunidades de socialização. Sejam corredores a passar por si ou vacas no pasto em pé na cerca com curiosidade extra. O seu amiguinho deve conhecer todas estas coisas numa fase inicial para que não tenha medo delas no futuro, porque os problemas de comportamento posteriores resultam geralmente do medo.

Proceda lenta e cautelosamente com coisas novas que o seu cachorro ainda não conhece. Instintivamente, ele vai primeiro afastar-se de coisas que não sabe. Mostrar-lhe que não é de esperar qualquer perigo. É também desta forma que ele aprende a confiar em si.

Acostumar-se e sair do hábito

Um cachorro tem de conhecer muito nas suas primeiras semanas de vida. Uma coisa tem de ser habituada, outra tem de ser tirada do hábito. Leia agora como pode quebrar o hábito de urinar no apartamento ao seu amiguinho ou como pode ensinar-lhe que o medo não desempenha um papel quando conduz um carro.

Formado em casa

Logo após o seu cachorro ter mudado de casa, notará que ele tem de urinar com muita frequência. No início, isto pode acontecer até doze vezes por dia. Só por esta razão, deve estar sempre presente, pois caso contrário o negócio não acabará em frente da porta, mas no seu andar. Deve agora aprender a reconhecer os sinais que o seu cãozinho emite para ir lá para fora com ele a tempo de se aliviar.

Apesar dos sinais do seu cão, deve deixar que se desenvolva uma rotina. Portanto, comece a treinar o seu alojamento, levando-o para fora para fazer o seu negócio logo que acorde. Deve também levá-lo para fora depois de comer ou beber. Fora destes tempos, deve dar-lhe muitas outras oportunidades para se aliviar. É melhor levar o seu cão para fora de duas em duas horas.

Tal como com um gato em casa, o pequeno amigo de quatro patas também deve ter um lugar fixo no jardim onde se possa aliviar. Aprenderá rapidamente se o levarmos lá de novo e de novo qual é o seu trabalho aqui.

Uma vez que o seu pequeno bebé tenha feito o seu negócio, elogie-o profusamente, mesmo com guloseimas. No entanto, não castigue o seu amigo de quatro patas se houver um percalço. Isto está destinado a acontecer. Limpe-o e leve-o lá para fora para a sua "casa de banho".

Pode demorar até seis meses até o cachorrinho estar completamente treinado em casa. Alguns aprendem mais depressa, outros mais devagar. Pode ajudar muito se conseguir interpretar os sinais do seu cachorro.

Se o cãozinho de repente olhar ansiosamente em volta e correr em círculos, pode ser um sinal de que "tem de ir". Levá-lo imediatamente para fora para o seu "canto do chichi". Se ele sair, elogie-o. Pode ser que demore um pouco mais, porque ele se distrai com os estímulos externos. Ser paciente e permanecer no exterior até que o "negócio" esteja terminado.

Para o cão pequeno, pode ser útil separar um pouco o "canto da casa de banho" do resto do jardim, para que ele possa ver imediatamente para onde ir quando precisar de se soltar.

Desenhar este canto do jardim de forma diferente, por exemplo, espalhando a casca das árvores. Isto irá dar ao seu cão uma característica visual e também um cheiro diferente. Limpe a área várias vezes ao dia para que o seu cão não procure outro canto no jardim.

Deve sempre trazer o seu cão para este "canto de urina" quando ele precisar de urinar. Ele habituar-se-á rapidamente e irá também para esta área por sua conta quando se tornar urgente.

Dicas para treino de habitação
1. Limpar alguma da urina do cão com um dos pensos.
2. Colocar o bloco num local que o cachorro possa alcançar rapidamente depois de se levantar ou comer.
3. Colocar o cachorro sobre ele quando notar que está à procura de um lugar para soltar, a menos que ele vá sozinho para a almofada.
4. Elogie-o quando ele faz o seu trabalho sobre o assunto.
5. Se precisar de substituir o subpavimento, pressione o novo subpavimento para um ponto molhado no antigo.
6. Deslocar gradualmente o bloco em direcção à porta. O seu cachorro continuará a utilizá-lo.

7. Quando o seu cachorro conseguir chegar facilmente ao tapete à porta, coloque-o à sua frente.
8. Ele irá agora propositadamente para a porta quando precisar de levar um riacho ou um cocó.

Medo durante as viagens de carro

Como cachorro, o seu novo amigo irá provavelmente andar no carro pela primeira vez quando o trouxer do criador para casa. Se tudo já correu bem aqui, é pouco provável que venha a ter problemas no futuro. No entanto, deverá habituar o seu cão ao carro, porque mais cedo ou mais tarde ele terá de voltar a entrar.

Primeiro deixe o seu cachorro farejar o carro extensivamente do exterior. Se ele não mostrar medo, pode abrir as portas. Talvez o seu amigo de quatro patas entre por conta própria e explore o carro a partir do interior.

Agora, para além disso, ligue o motor, porque isto seria agora uma fonte potencial de medo para o seu cachorro. Fica barulhento e o carro de repente faz ruídos assustadores.

Se ele agora reage com receio, isto é completamente normal. Repita o funcionamento do motor uma e outra vez até o seu cão se habituar ao barulho e perceber que não há perigo de o carro "rugir".

Uma vez que o cão se tenha habituado, pode tentar a primeira boleia. No entanto, leve sempre consigo um companheiro de confiança no início para que o seu cão possa ganhar confiança desde o início e possa concentrar-se no trânsito rodoviário.

Mantenha-se sempre calmo e descontraído, desta forma também transmite ao seu cão que ele pode confiar em si.

Jogo Rough Play

Especialmente na fase de cachorrinho, acontece frequentemente que o pequenote ultrapassa a marca e se torna excessivamente selvagem quando brinca. É preciso pôr fim a isto numa fase inicial, caso contrário não será diferente quando ele for adulto.

Se agora se sentir "assediado" pelo seu cão porque ele está demasiado excitado enquanto brinca e já não repara no que está a fazer, basta parar de brincar com ele sem comentários. Deixar cair o brinquedo e ir-se embora ignorantemente. Desta forma, evita-se uma escalada, por exemplo, ao ser mordido acidentalmente, mas também que o seu cão seja recompensado involuntariamente pelo seu comportamento rude.

Se acontecer com mais frequência que o seu cão "descarrile", considere o tipo de jogos que joga com ele. Escolher jogos mais calmos que o desafiam mas não o excitam.

Se ainda quiser jogar jogos tão emocionantes, faça-o em intervalos curtos e pare imediatamente se notar que o seu cão está "a ficar excitado". Só quando se tiver acalmado novamente, continuar a jogar.

Destrutividade

Provavelmente, mas esperemos que não, entrará no seu apartamento em algum momento e pensará que uma manada de elefantes já passou por aqui. O que aconteceu? O seu cão foi para um campo de treino de granadas e deixou uma granada de mão. O conteúdo do caixote do lixo está espalhado pela cozinha, a sanita está tão cheia de papel higiénico que não se consegue encontrá-lo e o sofá... bem, foi em tempos...

O que fazer? Antes de mais, respire fundo e leve o cão a apanhar ar fresco, para que ambos possam arrefecer. Depois disso, irá provavelmente limpar-se e pensar na razão pela qual tudo isto aconteceu.

No futuro, pode naturalmente certificar-se de que a porta da casa de banho permanece fechada e que o caixote do lixo está fora do alcance do seu cão. No entanto, haverá uma causa por detrás desta destrutividade, porque o seu cão não o fez porque gosta de partir objectos.

O seu amigo de quatro patas mostra este comportamento quando está fora de casa? Depois tem medo de estar sozinho. Pratique com ele para que saiba que não está em perigo quando está sozinho em casa.

Mas talvez não passe tempo suficiente com ele. Se o seu cão estiver aborrecido, os seus objectos podem sofrer. Ocupa-te mais com ele e mantém-no ocupado para que ele esteja cansado e feliz. Jogue com ele jogos desafiantes e encorajadores e faça variar o tempo que tem com o seu amigo de quatro patas.

O stress também pode ser uma causa para os ataques de destruição do seu amigo de quatro patas. Tente descobrir o que o sublinha, para que possa evitar esta circunstância.

Se estiver completamente perdido e não tiver absolutamente nenhuma explicação para o comportamento do seu cão, procure a ajuda de um veterinário. Um psicólogo de cães também pode ajudar, e uma visita a uma boa escola de cães também tem ajudado muito na análise do comportamento do seu cão.

Inquietude

Se notar inquietação no seu cão, pode também ter uma causa muito banal no início.

É possível que o seu amigo de quatro patas precise urgentemente de se desentupidificar.

Mas também pode ser que ele sinta dor. Se suspeitar disto, é claro que deve ir imediatamente ao veterinário e ter a causa esclarecida.

Se você mesmo estiver muito nervoso e inquieto porque algo o está a incomodar, poderá também transferir estes sentimentos para o seu cão. Os cães são muito delicados e sensíveis e se não se sentir bem, o seu amigo de quatro patas sofre consigo.

Há alguma mudança no seu ambiente social? Talvez esteja a mudar de casa ou haja um novo parceiro ao seu lado que o seu cão ainda não saiba realmente. Estas circunstâncias também podem ser a causa de inquietação.

Outra causa para a inquietação do seu cão pode também ser a falta de exercício e o tédio puro.

Em qualquer caso, tente encontrar a causa e detê-la para que o seu animal de estimação possa acalmar-se novamente.

Formação específica para cachorros

Os cachorros são como crianças pequenas. Aprendem mais depressa do que os cães adultos, mas ainda deve ser dada um pouco mais de atenção aos cachorros. Cansam-se mais rapidamente, pelo que as sessões de treino devem ser muito curtas. Repita repetidamente o que já aprendeu, mas apenas por um curto período de tempo. Ser consistente, tal como com os cães adultos, mas não demasiado rigoroso. Pense nas recompensas, desta forma haverá sempre uma experiência positiva na memória e o cachorro lembrar-se-á bem dela. Uma escola de cães também pode ter um efeito positivo no comportamento do seu cachorro. Aqui ele também tem contacto social com os seus pares. No entanto, também se pode treinar muitas coisas em casa. Leia agora o que deve ensinar ao seu pequeno Rhodesian Ridgeback.

Acostumar-se à trela

Muitos donos de cães deixam uma coleira no cão dia e noite para que possa sair rapidamente à porta com ele em qualquer altura. Para além do facto de as coleiras terem geralmente muitas desvantagens e poderem até causar danos físicos aos cachorros em particular, usando uma coleira ou um arnês a toda a hora estraga o belo pêlo do cão.

É claro que dificilmente é possível colocar um arnês num jovem cão quando se quer tirá-lo rapidamente da porta, porque ele quer fazer o seu negócio. Ele não tem paciência, tem de sair imediatamente.

Contudo, isto não deve ser motivo para usar uma coleira ou para manter o arnês no pobre animal o tempo todo. Em vez disso, praticar usando o arnês e a trela independentemente do treino de casa. Por exemplo, colocá-lo quando tiver acabado de sair do tapete. Prender a trela e abrir a porta da frente para ir lá fora com o cão com trela. Dependendo do seu carácter, ele correrá alegremente para o mundo que é novo para ele ou permanecerá hesitantemente à porta.

Uma vez que a maioria dos cachorros tem tendência a correr atrás do dono (não querem perder o contacto com a matilha), o cachorro não fugirá de si mesmo que o traga primeiro para fora sem trela.

Assim que o cão estiver com a trela, caminhe para a frente a um ritmo que não sobrecarregue o pequenote. Ele costuma parar após alguns metros porque, afinal, todos os objectos são estranhos e há também muitos cheiros que ainda não conhece. Fique parado pacientemente até o seu cão estar pronto para seguir na sua direcção. Não o continue a puxar. Ele não deve achar a trela desconfortável.

Se o seu cão quiser ir noutra direcção e puxar a trela, também pára sem comentar. Por isso respeita que o cão queira conhecer o seu ambiente, mas não o deixa forçar-lhe a direcção.

Elogie o cão quando ele o segue com uma trela solta ou caminha à sua frente sem puxar. Usar a palavra "lento" de modo a associá-la a este comportamento.

Com uma trela automática, não pode ensinar ao seu cão que há uma vantagem em andar ao seu ritmo com a trela solta. O seu cão tem sempre de ultrapassar a resistência com estas trelas.

Dica: Se o bloco sobre o qual o seu cão tem feito o seu negócio estiver junto à porta, pode ligar os exercícios "trela" e "treino de casa". Leve o bloco consigo e despeje-o no local onde o seu Rhodesian vai fazer o seu negócio no futuro. Mostre o seu deleite por o depósito estar neste local.

Recolha

O seu cão deve vir ter consigo quando lhe telefonar. Isto pode ser em casa quando se quer levá-lo a passear, mas também quando já se está por aí, uma recordação perfeita do seu cão é importante. É sempre possível que tenha de o chamar de volta de uma situação perigosa, e se ele não reagir imediatamente e vier, as coisas podem ficar complicadas. É por isso que a formação de recordação é uma das coisas mais importantes que se pode fazer. Pode começar isto tão cedo como cachorrinho e continuar a aprofundá-lo.

No início é uma pequena prática "de lado". Por exemplo, quando estiver prestes a alimentar o seu cachorro ou a dar-lhe uma guloseima ou o brinquedo, grite "Venha" a ele. Desta forma, o cãozinho pode estabelecer uma primeira ligação a esta palavra.

Para uma formação mais orientada, primeiro descubra se o seu cachorro já gosta particularmente de uma determinada guloseima ou se existe um brinquedo favorito que seja o destaque absoluto para ele. Com isto, continua agora a praticar, porque a recompensa por vir deve ser melhor do que qualquer outra coisa no ambiente do seu amigo de quatro patas.

Para além do comando verbal, um sinal não verbal também pode ser útil aqui. Por exemplo, estique o braço para o lado para sinalizar o seu animal de estimação para vir até si.

Os primeiros exercícios devem ter lugar no seu próprio jardim. Aqui quase não há estímulos externos que possam distrair o seu cachorro. Comece como se segue:

Fuja do seu cão. Se ele correr atrás de si, elogie-o com a guloseima. Tente isto algumas vezes. Agora dê o comando adicional "Come" e o sinal de mão. Se o seu cachorro segue o seu comando e vem ter consigo, elogie-o novamente com a guloseima. Agora pode pedir ajuda a uma segunda pessoa para segurar o seu cão enquanto se afasta dele. Agora dê o sinal de chamada e, se o seu cachorro obedecer, elogie-o.

Dêem-lhe sempre a recompensa quando ele vier ter convosco, mesmo que não o tenham chamado. Não o prendam quando o chamarem. Isto só significa para o cachorro que a diversão acabou. Se isto acontecer frequentemente, ele acabará por deixar de vir até si. Certifique-se de que o seu cão também pode seguir a sua recordação. Recompense-o sempre quando ele vem ter consigo para que o seu amigo de quatro patas veja o seu lado positivo, ou seja, que há sempre algo saboroso quando ele volta para si.

Manuseamento de trela

A dada altura, vai querer deixar o seu próprio jardim com o seu cachorro e ir dar um passeio. Agora a trela entra em jogo, sem a qual nada funciona na nossa sociedade. O seu cachorro irá provavelmente olhar para si desamparadamente quando tentar colocar um arnês ou uma coleira no cão e esta trela também deve ser presa a ele.

Um cão normalmente associa a trela com inconvenientes. Já não lhe é permitido correr, tem de andar sempre perto do seu mestre e jogar não é de todo possível. Por isso, agora tem de encontrar algo positivo para associar com o colarinho e a trela. Por exemplo, poderia colocar os utensílios quando alimenta o seu cão. Assegure-se de dar ao seu cachorro muitos animais de estimação durante este tempo. Isto já seriam duas coisas positivas para o seu amigo de quatro patas. Alimentos e animais de estimação quando a trela chega.

Agora tente caminhar alguns passos no jardim com uma trela. Deve permanecer solto para que o seu cãozinho não tenha a sensação de estar apertado. Se este primeiro exercício funcionar bem, não se esqueça da recompensa.

No entanto, se o seu quadrúpede puxar a trela, pare e tente chamar a sua atenção para si. Agora caminhe na direcção oposta. Repita o procedimento se o seu cachorro puxar novamente a trela. Ficar parado, chamar a atenção do cão, soltar a trela, voltar a andar, são a chave para o seu cão alcançar o objectivo de aprendizagem de não voltar a puxar a trela. Seja sempre consistente, mas recompense-o quando agir correctamente.

Calcanhar

O comando "calcanhar" faz parte da formação de chamada. Também pode usar este comando quando quiser cancelar o seu cão. No entanto, isto seria então apenas um pedido para vir até si. O comando "calcanhar", por outro lado, é caminhar perto de si, idealmente sem trela.

Se o seu cão estiver bem treinado nesta lição, pode cancelá-lo bem em certas situações e deixá-lo correr de calcanhar sem ser distraído por influências externas. Isto também deve funcionar bem a uma distância maior e não apenas a alguns minutos. Assim, o seu cão tem de caminhar muito perto de si e concentrar a sua atenção em si. Aprenderá a "ensinar" isto ao seu cachorro nas próximas linhas.

A primeira coisa de que precisa é de guloseimas. Utilize-os para atrair o seu cachorro para o seu lado. Use o comando "calcanhar" aqui também, para que aprenda de imediato que deve agora aproximar-se muito das suas pernas. Segurar a guloseima à altura da cabeça do cão. Também se pode usar um sinal de mão: Bater com a mão na coxa. Assim que o seu cachorro tocar na mão com a guloseima, recompense-o. Pratique isto várias vezes, mas não sobrecarregue o seu pequeno cachorrinho. Se notar que a concentração está a diminuir, pare o treino e continue mais tarde.

Se o seu amigo de quatro patas dominou esta lição, pode tentar o outro lado. Certamente não vai demorar tanto tempo aqui até que a sua querida compreenda o que lhe está a pedir.

De ambos os lados pode agora chamar ao seu cão "calcanhar". Agora é altura de garantir que ele também anda "de calcanhar". É melhor fazer os seguintes exercícios durante uma caminhada. Primeiro deixe-o vir para o lado que quiser e sentar-se. O seu cão já deve ser capaz de o fazer antes de iniciar este treino. Agora amarrem-no e dêem-lhe o comando "calcanhar". Dê alguns passos em frente, mas não puxe pela trela. Idealmente, o seu cão irá segui-lo imediatamente. Agora pare e deixe o seu cão sentar-se. Agora elogie-o profusamente e dê-lhe um deleite. Repita o exercício desde que o seu cachorro goste.

Sempre que for dar um passeio, pratique caminhar de calcanhar com o seu amiguinho. Se não funcionar, é claro que não há recompensa, e se o seu amigo de quatro patas seguir o seu comando, você dá um mimo. O seu pequeno compreenderá rapidamente o que espera dele e que lhe dará um deleite.

Treino de instinto de caça

Como já leu no início, o seu Rhodesian Ridgeback é um cão de caça. Aqui na Alemanha, contudo, ele não deve seguir este instinto natural de caça. Por isso tem de trabalhar contra ele com formação apropriada, mas mesmo assim oferecer-lhe uma compensação por isso, porque não pode desmamar completamente o seu "Ridgie" do instinto de caça. Mas é possível controlá-lo, e é disso que se trata esta formação anti-caça.

Se o seu cão ainda é muito jovem e nunca experimentou a sensação de caça, pode esperar que um instinto especial não se desenvolva em primeiro lugar. No entanto, não é impossível e assim que o instinto de caça aparecer, deve dar ao seu cão a oportunidade de agir de modo a que ele não comece a caçar incontrolavelmente durante o passeio.

Antes de mais, é importante variar as caminhadas para que o seu cão não fique com a ideia de farejar um cheiro e assim iniciar uma caçada. Tenha sempre surpresas guardadas sob a forma de guloseimas para que o seu animal de estimação regresse sempre a si de forma independente após um curto período de tempo. Organizar pequenos jogos de busca no caminho ou deixá-lo saltar sobre pequenos obstáculos e equilibrar nos troncos das árvores. Desta forma, a aptidão física também é cuidada ao mesmo tempo.

Se ele já é bom a ser chamado, isto é uma grande vantagem. Chame-o mais vezes e recompense-o com um mimo. Se ele ainda não estiver bem treinado na recolha, pode usar uma linha de arrastamento.

Acima de tudo, uma boa ligação entre si e o seu cão é da maior importância. Torna-te mais interessante do que qualquer outra coisa no ambiente. Desta forma, tira-se o interesse do seu amigo de quatro patas em caçar.

Mas o que deve fazer se o instinto de caça do seu Rhodesian Ridgeback se concretizar? Ele começa a perseguir aves voadoras ou mesmo a procurar toupeiras ou toupeiras no seu jardim? Estes são os primeiros sinais de que o seu "Ridgie" quer caçar.

Como primeira medida, pode tentar recuperar os jogos. Isto dá ao seu cão a oportunidade de perseguir algo e ensina-lhe que só lhe é permitido perseguir quando você está presente. Tente também ensinar o seu cão a controlar o seu comportamento impulsivo. Atirar um objecto para ser recuperado. Dê ao seu cão uma ordem para esperar. Só ao seu comando pode ele correr para ir buscar o objecto. Louvai-o quando ele puder obedecer a esta ordem.

Se sentir que não está a fazer grandes progressos no seu treino, pode contactar um clube desportivo de cães na sua área. Oferecem frequentemente desportos para cães de caça em que o instinto de caça pode ser exercido de uma forma controlada. E não se preocupe, o seu cão saberá a diferença entre dar um passeio consigo na floresta onde a caça é proibida e estar num campo de treino onde a caça é expressamente permitida.

Especificidades da criação de um "Ridgie

O Rhodesian Ridgeback é um cão muito amigável. Por conseguinte, também pode ser bem integrado numa vida familiar. Ao treinar tal raça, terá de investir muita paciência, consistência e perseverança. No entanto, com muitos elogios e repetições dos exercícios, alcançará o seu objectivo.

Um "Ridgie" é muito sensível, deve ter isto em mente quando o treinar. Portanto, seja sempre amigável quando quiser ensinar algo ao seu cão. Acima de tudo, deve estar preparado nesse momento e não se deixar distrair por nada. O seu amigo de quatro patas notará o seu estado de espírito. Se estiver zangado ou triste, o seu cão também não pode agir correctamente.

Nunca grites com o teu amigo de quatro patas, ele não se dará bem com isso e tornar-se-á teimoso. Além disso, ele não será capaz de construir confiança consigo, o que é um pré-requisito para treinar o seu cão.

Vem naturalmente a um Rhodesian Ridgeback tomar decisões de forma independente. Isto tem a ver com a sua vida original como cão de caça ao leão. Isto requer muita paciência e empatia da sua parte. Deve ser consistente, cumprir as suas regras e não as alterar. Esta é a única forma de convencer o seu "Ridgie" de que a sua abordagem é a correcta.

Para que a convivência e o treino funcionem sem problemas, é importante oferecer sempre ao seu cão uma actividade adequada à espécie. Não ter nada para fazer não é nada bom para o seu Rhodesian Ridgeback. Ele próprio procuraria algo para fazer, mas se isto seria do seu gosto ainda está para ser visto.

Brincar com ele, dar-lhe tarefas, deixá-lo usar a sua pequena cabeça. Em troca, o seu "Ridgie" irá amá-lo e permanecer-lhe fiel até ao fim da sua vida.

CONSTRUIR UMA RELAÇÃO

Como com todas as outras raças de cães, é importante que se construa uma boa ligação com um Rhodesian Ridgeback. Acima de tudo, deve ser caracterizada pela confiança mútua. O seu cão deve compreendê-lo cegamente, mas deve ser o contrário. Descubra agora como obter uma boa ligação com a sua querida.

Tenho a certeza que já ouviram o ditado: "O caminho para o coração de um homem é através do seu estômago"? É o mesmo com o seu Rhodesian Ridgeback. Em vez de lhe servir sempre comida sem amor numa tigela, porque não alimentá-lo de vez em quando da sua mão? É claro que isto só funciona com comida seca, caso contrário seria uma grande confusão. Leve consigo um saco de cinto com alguma comida seca ou guloseimas no seu passeio. Se o seu amigo de quatro patas realizou correctamente uma pequena tarefa, dê-lhe uma recompensa do saco alimentar. Isto fará com que o seu "Ridgie" lhe preste atenção e lhe dê ouvidos, porque nunca sabe quando o próximo tratamento o espera.

Também pode construir uma forte ligação com o seu cão através de um toque intensivo. Numa matilha, os animais que se gostam particularmente uns dos outros deitam-se aconchegados uns aos outros. Faça o mesmo com o seu amigo de quatro patas. Podem sentir-se confortáveis juntos no sofá ou, se o proibiram, deitarem-se no chão com o nariz peludo por um momento. Pode ser um pouco desconfortável para si, mas mostra ao seu cão que tem uma ligação especial com ele.

Do mesmo modo, jogar e experimentar em conjunto fortalece o laço entre os dois. Isto já acontece na idade de cachorro. Portanto, brinque e brinque muito com o cachorrinho, e não tenha medo de palhaçar por aí. É assim que se constrói uma relação próxima com ele.

Mostre ao seu cão, mesmo em bebé, que há sempre algo de fantástico para experimentar quando ele está consigo. O seu cão deve compreender que só coisas positivas vêm de si e podem ser esperadas. Por exemplo, se jogares pequenos jogos de busca com ele cedo, ele aprenderá a trabalhar contigo e assim construir uma ligação contigo. Pegar num boneco de comida e enchê-lo com guloseimas. Agora deixe a sua queridinha recuperar este boneco e trazê-lo de volta, porque é claro que ele não deve guardá-lo para si, mas deixe-o abri-lo depois de o trazer de volta para obter uma recompensa.

Muitas pequenas coisas do dia-a-dia que experimenta juntamente com o seu cão ajudam a criar uma boa e forte ligação entre os dois. Uma vez que isto tenha acontecido, terá ao seu lado um parceiro leal.

UM RHODESIAN RIDGEBACK COMO UM CÃO DE FAMÍLIA?

Certamente que se colocará esta questão se estiver muito interessado nesta raça, mas toda a sua família vive em casa consigo. Pode um cão tão grande, que carrega a febre da caça nos seus genes, também ser mantido numa casa com crianças? A resposta é "sim", porque depende de si e da educação do seu cão e dos seus filhos se uma boa convivência funciona.

Nenhum cão nasce para tolerar crianças pequenas, ou mesmo maiores, e para lidar com elas suavemente. Tem de ensinar esse comportamento ao seu amigo de quatro patas. Mas os seus filhos também têm de aprender a lidar com o cão e a não o considerar como um brinquedo.

O seu "Ridgie" irá provavelmente viver consigo como um pequeno cachorrinho. Isto dá-lhe a melhor oportunidade para moldá-lo e treiná-lo para a futura vida familiar. Ele tem de se habituar à nova situação e especialmente aos seus filhos.

Dar a todos os membros da família a oportunidade de passar muito tempo com o novo companheiro. No entanto, nunca deixe os seus filhos sozinhos com o cão, porque eles têm primeiro de aprender a lidar bem com ele. Uma criança não pode saber por si só que magoa o cãozinho quando é puxado pela orelha ou pela cauda. Da mesma forma, este não é um brinquedo macio que possa ser acariciado sem parar. O cachorro também não gosta de ser abraçado muito apertado, pode ficar assustado, e especialmente as crianças muito pequenas ainda não têm a sensibilidade certa e podem mostrar uma vontade muito dura de explorar. Mostre aos seus descendentes como lidar de forma responsável com a pequena pele-rosa, para que nem o cão nem as crianças fiquem com medo.

As crianças mais velhas, por outro lado, gostam de "exibir" o seu novo camarada. É importante assegurar que isto seja sempre feito em "jogo". O amigo de quatro patas é então também autorizado a "recolher" uma ou duas guloseimas da criança. Mesmo que todos os membros da família, incluindo as crianças, devam ser sempre superiores no domínio do cão, é um pouco diferente com este "cão leão". Uma criança nunca deve exigir obediência séria de um Rhodesian Ridgeback. Ele é uma raça muito inteligente e sabe muito bem que uma criança humana é como uma cria em cães. E este "animal jovem" quer agora dar ordens ao cão adulto. Como pensa que este comportamento é tolerado na embalagem? Exactamente... de modo algum. O jovem animal é admoestado no seu comportamento. É claro que isto não é suposto acontecer com o seu filho. Portanto, é da maior importância ensinar aos seus filhos a forma correcta de lidar com este cão e deixar sempre que os "exercícios de obediência" sejam um jogo.

O "Ridgie" não é uma raça fácil, mas se o fizeres bem, terás um grande amigo e cão de família ao teu lado.

Palavras de encerramento

Este guia aprendeu praticamente tudo sobre o Rhodesian Ridgeback. Agora sabe de onde ele vem e também tem de saber o que há de especial nele.

A criação, educação e nutrição foram tópicos deste livro, por isso agora também tem bons conhecimentos aqui.

Acima de tudo, está ciente de que o Rhodesian Ridgeback é um cão de caça excepcional, que em caso algum pertence em mãos descuidadas. Deve pelo menos ter um bom conhecimento básico sobre cães, a fim de manter este belo animal.

Já possui um cão tão maravilhoso? Óptimo, então tente implementar de imediato uma ou duas das dicas deste guia.

Ou talvez tenha agora percebido que um Rhodesian Ridgeback é apenas o cão certo para se encaixar na sua família? Melhor ainda, porque agora sabe o que esperar e é de esperar que agora encontre o animal certo e lhe ofereça um belo, novo e, sobretudo, permanente lar.

Fontes

3food UG (2019): Quando o cão entra em pânico por conduzir. Em: 3food.de.

Allmers, Ringeling, Thiet (kA): Doenças cancerígenas em cães. Em: isernhagener-tierklinik.de.

Becker, Ralf (kA): Displasia da articulação da anca (HD) em cães: Causas, sintomas, cirurgia. In: vergleichen-und-sparen.de.

Boehringer Ingelheim Vetmedica GmbH (kA): Pulgas em cães - reconhecer e controlar os parasitas. Em: frontline.de.

Boehringer Ingelheim Vetmedica GmbH (kA): Zecken beim Hund: Dauerhafter Schutz durch Vorsorge. Em: frontline.de.

Content Fleet GmbH (kA): Como ensinar ao seu cão o comando "calcanhar". Em: einfachtierisch.de.

Content Fleet GmbH (kA): Como promover a inteligência do seu cão. Em: einfachtierisch.de.

Coya AG (n.d.): 10 maneiras como os cachorros aprendem a andar com trela. Em: coya.com.

Daniel (n.d.): Rhodesian Ridgeback. Em: hundemagazin.net.

DOCMA TV Produktion GmbH (2019): Welpen-Erziehung: Bei Fuß gehen - Der Welpen-Trainer. Em: sixx.de.

Dogco (kA): O que é que os cães não estão autorizados a comer? Em: dogco.de.

Dres. Schmerbach & Höpfner GmbH (kA): Ellenbogendysplasie (displasia do cotovelo, DE). In: kleintierspezialisten.de.

Fressnapf Tiernahrungs GmbH (kA): Construir uma ligação com o cão: Com comida, brincar e tocar. Em: fressnapf.de.

Fressnapf Tiernahrungs GmbH (kA): Clickertraining für den Hund - Übungen für Anfänger. Em: fressnapf.de.

Fressnapf Tiernahrungs GmbH (kA): Die Hundebox - Schritte für eine sanfte Gewöhnung. Em: fressnapf.de.

Fressnapf Tiernahrungs GmbH (kA): O cão comanda: Como o seu cão aprende os sinais mais importantes. Em: fressnapf.de.

Fressnapf Tiernahrungs GmbH (kA): Existem muitos tipos de desportos caninos - qual é o certo para o seu cão? In: fressnapf.de.

Fressnapf Tiernahrungs GmbH (kA): Mantrailing Hund - Hundesport für clevere Spürnasen. Em: fressnapf.de.

Fressnapf Tiernahrungs GmbH (kA): Treino de obediência - exercício de obediência para o cão. Em: fressnapf.de.

Fressnapf Tiernahrungs GmbH (kA): Ensinar os cachorros a mandar: O que precisa de saber. Em: fressnapf.de.

Frey, Petra (2021): Recordar a formação - ensinar um "vem" à prova de bombas. Em: welpenkanal.com.

futalis GmbH (n.d.): Hipotiroidismo (SDU) em cães. Em: futalis.de.

futalis GmbH (kA): O que é que os cães não estão autorizados a comer? - Alimentos venenosos. Em: futalis.de.

Autor convidado (2016): Programa de vacinação do cachorro - Quando é que o cão deve ser vacinado? Em: deine-tierwelt.de.

Gawda, Natalia (n.d.): Doença do cotovelo em cães: FCP. Em: anicura.de.

Hänse, Maria (n.d.): Hunde BARFen - Rohfleischfütterung. Em: futalis.de.

Helvetia Swiss Insurance Company Ltd (kA): Reconhecimento e tratamento de vermes em cães: O que deve saber. Em: helvetia.com.

Herbst, David (2021): 5 erros fatais de treino de cães em 2021. In: mein-hund-bellt.de.

Hill's Pet Nutrition GmbH (2016): As perturbações digestivas estão entre as razões mais comuns para uma visita ao veterinário. Em: hillspet.de.

Hußmann, Claudia (2021): Como parar a caça quando o seu cão fica demasiado selvagem. In: hundeschule-meinlieberhund.de.

Kawauchi, Ryoko (2016): Hipotiroidismo em cães. Em: anicura.de.

Kloß, Julia (2020): Ácaros em cães: sintomas e remédios caseiros que ajudam. Em: utopia.de.

Krause, Amelie (n.d.): Die Ernährung eines Rhodesian Ridgebacks. Em: zooplus.de.

Ludger, Christian (kA): Rhodesian Ridgeback Employment. Em: rhodesianridgeback.de.

Ludger, Christian (n.d.): Vacinações Rhodesian Ridgeback. Em: rhodesianridgeback.de.

Ludger, Christian (kA): Rhodesian Ridgeback care / coat care. Em: rhodesianridgeback.de.

MARS GmbH (kA): Distensão gástrica em cães: o que significa e como pode ser evitada? Em: nutro.de.

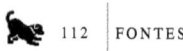

Mateja, Wilhelm (kA): A castração. In: rhodesian-ridgeback-service.de.

MERA Tiernahrung GmbH (kA): O que é que os cães não devem comer? Em: mera-pet-food.com.

MH Online Media GmbH (2020): O que é que os cães não estão autorizados a comer? In: mein-haustier.de.

Nestlé Purina PetCare Deutschland GmbH (kA): Socializar os cachorros. Em: purina.de.

Nestlé Purina PetCare Deutschland GmbH (kA): Como é que eu recebo formação sobre a casa do meu cachorro? Em: purina.de.

Osterhus, Heidrun (2018): Treino de condicionamento físico com o cão para treino muscular e de equilíbrio. Em: easydogs.net.

Pascal (2019): O que é que os cães não estão autorizados a comer? Isto é realmente venenoso para os cães. Em: tibeo.de.

Rumpf, Steffi (2019): Golfe Doggi. Um novo desporto canino é inventado! Em: sitzplatzfuss.com.

Schmidt-Pfister, Annemarie (2014): O Rhodesian Ridgeback. Em: hundemagazin.ch.

Sirius Tiernahrung GmbH & Co. KG (kA): Como quebrar o instinto de caça do seu cão. In: hunde-kausnacks.de.

Tierklinik Oberhaching (kA): Displasia da articulação do cotovelo (DE). Em: tierklinik-oberhaching.de.

Tilgner, Sandra (2017): 6 exercícios simples para um poderoso treino de aptidão física com o seu cão. Em: runners-dog.de.

Uhmann, Beate (2019): Inquietude nos cães: é de lá que vem. Em: praxistipps.focus.de.

Verband für das Deutsche Hundewesen (VDH) e. V. (kA): Rhodesian Ridgeback. Em: vdh.de.

Voß, Resi (kA): A raça. Informação sobre a raça Rhodesian Ridgeback. Em: cherry-farm.de.

Williger, Christina (n.d.): Rhodesian Ridgeback - Erziehung und Besonderheiten dieser Rasse. In: hund-als-haustier.de.

Wufflog (2017): Cavaletti Hundesport - Kleine Sprünge mit großer Wirkung. Em: wufflog.de.

zooplus AG (kA): Agilidade com o cão. Em: zooplus.de.

zooplus AG (kA): Ajuda, o meu cão destrói tudo. Em: zooplus.de.

zooplus AG (kA): Frisbee Cão. Em: zooplus.de.

zooplus AG (kA) : Rhodesian Ridgeback. Em: zooplus.d e

SOBRE ESTA SÉRIE: O MEU CÃO PARA A VIDA

Este é o décimo oitavo volume de uma série de guias compactos e verdadeiros sobre o tema do treino de cães. As raças individuais são apresentadas por autores que têm muitos anos de experiência e amor por cães. Desejamos-lhe muitos anos felizes e descontraídos com o seu amigo de quatro patas!

Ficaríamos satisfeitos com uma avaliação positiva!

Impressão:

Rhodesian Ridgeback. O cão leão de África.
Educação, criação, doenças - do cachorro ao leão adulto.
M. Mittelstädt, Sherif Khimshiashvili Street N 47 A, Batumi 6010, Georgia

All Rights Reserved.

© copyright 2022 Luis Silva

Lightning Source UK Ltd.
Milton Keynes UK
UKHW020632010922
408166UK00010B/938